SUPERHELDEN

BASTELN!

Kostüm-, Schmink- und Bastelideen
aus dem Universum der Superhelden

INHALTSVERZEICHNIS

PFFFT

WIR SIND SUPERHELDEN!

Was wäre ein Superheld ohne Cape und Maske – unvorstellbar! Bastle dir außerdem Schuhflügel, Armschützer, Multifunktions- gürtel und Riesenfäuste. Auch die passende Kampfbemalung gehört dazu – auf zu neuen Abenteuern!

WIR SIND SUPERHELDEN!
CAPE MIT EMBLEM

Variante 1

Variante 2

MATERIAL

- Nähmaschine oder Nähgarn und Nähnadel
- Lineal
- Teller oder Zirkel
- Textilkleber
- Permanentmarker, fein
- Sicherheitsnadel
- Schere

Variante 1

- Polyester Glanz Jersey in Gold, 1 m x 1 m
- Metallic Jersey in Blau, 30 cm x 30 cm
- Metallic Jersey in Rot, Rest
- passendes Oberteil, hier Gr. 116
- 2 Klettbänder Haken in Weiß, 2 cm breit, 5 cm lang
- 2 Klettbänder Flausch in Weiß, 2 cm breit, 5 cm lang oder selbstklebendes Klettband
- doppelseitiges Klebeband, 5 cm breit, ca. 2 m lang

Variante 2

- Satinstoff in Signalrot, 1 m x 1 m
- Metallic Jersey in Blau, Rest
- Baumwollstoff in Weiß, 30 cm x 30 cm
- passendes Oberteil, hier Gr. 116
- Flechtschnur in Petrol, ca. 30 cm lang
- 2 Klettbänder Haken in Weiß, 2 cm breit, 4 cm lang
- 2 Klettbänder Flausch in Weiß, 2 cm breit, 4 cm lang oder selbstklebendes Klettband
- doppelseitiges Klebeband, 5 cm breit, ca. 2 m lang

Schnittmuster und Vorlagen Seite 92

ANLEITUNG

1 Schneide den Stoff mithilfe des Schnittmusters zurecht. Eine Nahtzugabe von 5 mm ist bereits im Schnittmuster enthalten. Eventuell musst du das Schnittmuster auf deine Körpergröße anpassen – der Stoff sollte 2/3 deiner Körperlänge abdecken.

2 Falte die Oberkante des Stoffs 2 cm nach innen um und stecke sie mit ein paar Stecknadeln fest (Abb. 1). Etwa 1,5 cm von der Bruchkante entfernt, nähst du eine gerade Naht. Wenn du nicht nähen möchtest, kannst du hierfür auch Textilkleber verwenden. Jetzt ist eine Art Tunnelzug entstanden.

3 Ziehe die Flechtschnur mithilfe der Sicherheitsnadel hindurch, sodass sich dein Cape ein wenig rafft (Abb. 2). Jetzt nähst du, am besten mit der Nähmaschine und der Hilfe eines Erwachsenen, mehrmals senkrecht an den Enden über die Flechtschnur, um sie zu fixieren. Die Enden der Schnur schneidest du nun kurz bis an den Rand des Capes.

4 Übertrage mithilfe der Vorlage die Form des Superheldenemblems auf den Metallic-Jersey- bzw. den Baumwollstoff jeweils auf die schöne Stoffseite. Die Rückseite beklebst du komplett mit doppelseitigem Klebeband. Schneide nun das Emblem aus. Ziehe vorsichtig, damit der Stoff nicht reißt, die Trägerfolie ab und positioniere das Emblem auf deinem Cape. Drücke es fest an (Abb. 5).

5 Nun nähst du die Klettbandstücke mit Haken an den Außenkanten unterhalb der Flechtschnur auf der Innenseite des Capes fest (Abb. 6) – dazu einmal am Rand der Klettbandstücke mit einer geraden Naht entlang nähen. Das Gleiche machst du mit dem Klettbandflausch – diesen nähst du an den Schultern deines Oberteils fest (Abb. 7).

6 Du kannst auch selbstklebendes Klettband verarbeiten – für volle Strapazierfähigkeit muss die Klebefläche 72 Stunden durchtrocknen.

SUPERHELD UNDERCOVER
WENDE-CAPE MIT INNENFUTTER

MATERIAL

- Nähmaschine oder Nähgarn und Nähnadel
- Satinstoff in Apfelgrün, 1 m x 1 m
- Baumwollstoff in Blau mit weißen Streifen, 1 m x 1 m
- Metallic Jersey in Silber, Rest
- Metallic Jersey in Blau, 30 cm x 30 cm
- passendes Oberteil, hier Gr. 140
- Flechtschnur in Petrol, ca. 40 cm lang
- doppelseitiges Klebeband, 5 cm breit, 80 m lang

- 2 Klettbänder Haken in Weiß, 2 cm breit, 5 cm lang
- 2 Klettbänder Flausch in Weiß, 2 cm breit, 5 cm lang oder selbstklebendes Klettband
- Schere
- Bügeleisen mit Unterlage

Schnittmuster und Vorlage Seite 90

TIPP

Entwerfe dein eigenes Superheldenemblem und benutze dazu deine Initialen zusammen mit einem Stern oder einem Blitz – deiner Fantasie sind keine Grenzen gesetzt!

ANLEITUNG

1 Schneide den Oberstoff und den Futterstoff mithilfe der Vorlage zu, die Nahtzugabe von 0,5 mm ist bereits enthalten. Eventuell musst du die Vorlage auf deine Körpergröße anpassen – der Stoff sollte 2/3 deiner Körperlänge abdecken.

2 Lege die beiden Stoffe mit den schönen Seiten aufeinander (Abb. 1) und fixiere sie mit Stecknadeln. Nähe entlang der Außenkante mit einem geraden Stich. Dabei lässt du 10 cm der Kante aus, damit du dein Cape von innen nach außen wenden kannst.

3 Schneide an den Ecken und Kurven im Abstand von 0,5 cm den Stoff der Nahtzugabe senkrecht ein. Wende jetzt dein Cape, indem du es durch die Öffnung auf die richtige Seite umkrempelst. Die Öffnung schlägst du nach innen, fixierst sie mit Stecknadeln und nähst sie mit einem gerade Stich zu (Abb. 2).

4 Bügle dein Cape, damit die Außenkanten schön glatt liegen. Jetzt nähst du im Abstand von 0,5 cm vom Rand noch einmal entlang der gesamten Außenkante.

5 Ab jetzt arbeitest du dein Cape wie auf Seite 6 in Schritt 2 bis 6 beschrieben. Verwende für das Superheldenemblem, das du auf die grüne Stoffseite klebst, die Vorlage auf Seite 90.

TIPP

Wenn du auch auf der Innenseite des Capes Klettbandhaken anbringst, kannst du das Cape wenden – so bist du als Superheld in der Nacht perfekt getarnt und unsichtbar für alle Bösewichte!

SHHIKK

SECRET IDENTITY!

SUPERHELDENMASKEN

Variante 1

Variante 2

Variante 3

Schwierigkeitsgrad: 2

MATERIAL

- Klemmspangen
- Nietenzange
- Lochzange
- Cutter mit Schneideunterlage
- Schere

Variante 1
- Fotokartonrest in Gelb und Rot
- Glitterkarton in Hellblau, 28 cm x 26 cm
- Gummiband in Grau, ø 3 mm, 50 cm lang
- Ösen in Silber, ø 0,5 cm

Variante 2
- Wollfilz in Weinrot, 20 cm x 12 cm
- Wollfilz in Türkis, 18 cm x 10 cm
- Gummiband in Grau, ø 3 mm, 50 cm lang
- Ösen in Kupfer, ø 0,5 cm
- 5 Brads Sterne in Gelb, ø 1 cm
- 2 Brads Sterne in Gelb, ø 0,5 cm
- UHU Glitzerkleber in Silber
- UHU Textilkleber
- UHU Hart Spezialkleber

Variante 3
- Wollfilz in Schwarz, 23 cm x 6 cm
- Gummiband in Grau, ø 3 mm, 50 cm lang
- Ösen in Kupfer, ø 0,5 cm

Vorlage Seite 90

ANLEITUNG

Variante 1

1 Schneide den Glitterkarton nach Vorlage mithilfe eines Cutters oder einer kleinen Schere aus. Knicke das Papier an den gestrichelten Linien und klebe die eingeschlagenen Papierbereiche mithilfe von UHU Hart Spezialkleber im Inneren der Maske an.

2 Für besseren Halt benutze bis nach dem Trocknen Klemmspangen zum Fixieren. Du kannst auch noch von innen Tape anbringen, damit die Maske an den Klebestellen stabiler wird.

3 Schlage rechts und links mithilfe einer Lochzange ein Loch in den Glitterkarton und setze die Ösen nach Herstelleranweisung in die Löcher ein. Danach ein Gummiband nach Umfang deines Kopfes einknoten. Die Applikation nun nach Vorlage ausschneiden und aufkleben (Abb. 2).

Variante 2

1 Schneide den weinroten und den türkisfarbenen Wollfilz nach Vorlage aus und klebe die Filzstücke mithilfe von Textilkleber aufeinander. Schlage rechts und links mithilfe einer Lochzange ein Loch in den weinroten Filz und setze die Ösen nach Herstelleranweisung in die Löcher ein.

2 Danach ein Gummiband nach Umfang deines Kopfes einsetzen. Die Maske abschließend mit den Brads (Metallbügel mit Schere vorher abschneiden) mithilfe von UHU Hart Spezialkleber bekleben (Abb. 3) und den türkisfarbenen Filz mit UHU Glitzerkleber umranden (Abb. 4). Lass alles gut trocknen!

Variante 3

1 Schneide den schwarzen Wollfilz nach Vorlage aus. Schlage rechts und links mithilfe einer Lochzange ein Loch in den Filz und setze die Ösen nach Herstelleranweisung in die Löcher ein (Abb. 5). Danach ein Gummiband nach Umfang deines Kopfes einsetzen (Abb. 6).

ATTACKE!
SUPERHELDEN-ARMSTULPEN

Variante 1

Variante 2

Schwierigkeitsgrad: 2

MATERIAL

- Schneidroller mit Schneidematte
- Nähmaschine
- Textilmarker
- Lineal
- Stecknadeln

Variante 1
- Alu beschichtete Noppenfolie,
  39 cm x 26 cm
- Hologrammfolie,
  selbstklebend, in Blau,
  23 cm x 26 cm
- Baumwollstoff in Gelb-
  Weiß gepunktet,
  32 cm x 40 cm
- Volumenvlies,
  32 cm x 40 cm
- Handvoll Füllwatte
- 8 Glitzersticker Stern in Silber, ø 2 cm
- 8 Glitzersticker Stern in Silber, ø 1,5 cm
- 16 Sternsticker in Silber, ø 0,6 cm
- 16 Sternsticker in Silber, ø 0,9 cm
- Dekoband in Rot, 1 cm breit, 104 cm lang
- Dekoband in Bunt, 0,4 cm breit, 104 cm lang

Variante 2
- Alu beschichtete Noppenfolie,
  39 cm x 26 cm
- Hologrammfolie, selbstklebend, in Rosa,
  14 cm x 26 cm
- Papierspitze, selbstklebend, in Weiß,
  1 cm breit, 104 cm lang
- Baumwollstoff in Gelb-Weiß gepunktet,
  12 cm x 104 cm
- Hologrammfolienrest in Blau
- 2 Glitzersticker-Sterne in Silber, ø 3,5 cm
- 32 Dekobänder in Gelb-Weiß gepunktet,
  1 cm breit, ca. 9 m lang
- 32 Dekobänder in Pink-Weiß gepunktet,
  1 cm breit, ca. 9 m lang

Vorlage Seite 90

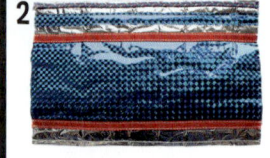

ANLEITUNG

Variante 1

1 Die Alu beschichtete Noppenfolie mithilfe eines Cuttermessers in zwei Teile von je 19,5 cm x 26 cm schneiden. Die Hologrammfolie in zwei Teile von je 10 cm x 26 cm schneiden. Den Rest der Folie in zwei Streifen von je 1 cm x 26 cm schneiden. Das rote Dekoband mithilfe der Schere in vier und das bunte Dekoband in zwei Teile von je 26 cm zerschneiden.

2 Die Noppenfolie an den Längsseiten knapp umschlagen und mithilfe der Nähmaschine feststeppen. Beklebe nun die Noppenfolie mit der Hologrammfolie und steppe die Dekobänder mit der Nähmaschine an wie in Abbildung 1 zu sehen. Nach Vorlage die Zacken viermal aus dem Baumwollstoff ausschneiden, zwei davon spiegelverkehrt. Das Volumenvlies zweimal nach Vorlage zuschneiden.

3 Lege das Volumenvlies vor dich hin, darauf den gelben Baumwollstoff mit der Motivseite nach oben und darauf deckungsgleich den gleichen Stoff mit der Motivseite nach unten. Stecke dies vorerst mit Stecknadeln fest. Führe das Gleiche für die zweite Armstulpe durch. Nähe die Baumwollzacken jeweils an den Kanten zusammen, wobei die untere Seite offen bleibt.

4 Befülle die Zacken mit Füllwatte (Abb. 3). Nun jeweils ein Zackenpaar an eine Noppenfolie ansteppen. Die Noppenfolie zu einem Tunnel legen und den Rand ebenfalls ansteppen. Abschließend Glitzersterne und Sternsticker in Silber auf den Armstulpen verteilen (Abb. 5).

Variante 2

1 Die Alu beschichtete Noppenfolie mithilfe eines Cuttermessers in zwei Teile von je 19,5 cm x 26 cm schneiden. Die Hologrammfolie in zwei Teile von je 7 cm x 26 cm schneiden. Schneide jeweils 32 Streifen des Dekobands in Gelb und Pink zu.

2 Die Noppenfolie an den Längsseiten knapp umschlagen und mithilfe der Nähmaschine feststeppen. Zwei Stücke Baumwollstoff von je 6 cm x 26 cm zuschneiden und in der Mitte falten, wieder auffalten und die Längsseite zur Mitte schlagen, sodass eine Art Schrägband entsteht.

3 Diese beiden Schrägbänder mithilfe einer Nähmaschine an der oberen und unteren Längsseite der Noppenfolie ansteppen. Klebe mittig dazwischen jeweils einen Streifen rosafarbene Hologrammfolie an. An den Längsseiten der Hologrammfolie die Papierspitze ankleben. Steppe nun an der kurzen Seite der Noppenfolie 32 Dekobänder, in Pink und Gelb gemischt, fest. Achte darauf, dass die Bänder auf der rechten Seite der Folie liegen.

4 Nun die beiden schmalen Seiten der Noppenfolie rechts auf rechts aufeinanderlegen, die Bänder zeigen nun nach innen. Die beiden Ebenen mit der Maschine aneinandersteppen und die Stulpe wenden. Abschließend einen silbernen Glitzersticker auf den Rest Hologrammfolie aufkleben und mit einem Rand von 3 mm ausschneiden. Klebe die entstandene Applikation auf die Stulpe auf. Für die zweite Stulpe ebenfalls so verfahren.

TIPP:

Anstelle der Alu beschichteten Noppenfolie kannst du auch Stoff in Silber verwenden.
Für ganz Schnelle: Einfach eine Ringelsocke aufschneiden, Fußbereich abtrennen und Dekobänder einnähen.

SUPERKRÄFTE SPEZIAL!
ARMSCHÜTZER UND SCHUHFLÜGEL

Armschützer

Schuhflügel

MATERIAL

- Schere
- Pinsel
- Nähnadel und Nähgarn
- einfache Armschützer

Armschützer

Variante in Rot
- 2 leere Klopapierrollen
- 2 Stück Alu-Bastelkarton in Rot, ca. 10 cm x 15 cm
- doppelseitiges Klebeband, 5 cm breit, 50 cm lang

Variante in Pink
- 2 leere Klopapierrollen
- 2 Stück Alu-Bastelkarton in Pink, ca. 10 cm x 15 cm
- doppelseitiges Klebeband, 5 cm breit, 50 cm lang
- 2 Sticker Glitzersterne aus Moosgummi in Rosa, ø ca. 2 cm

Variante in Blau mit Stern
- 2 leere Klopapierrollen
- 2 Sticker Glitzersterne aus Moosgummi in Weiß, ø ca. 3,5 cm
- Acrylfarbe in Royalblau

Variante in Silber
- 2 leere Klopapierrollen
- Acrylfarbe in Silber
- Acrylfarbe in Royalblau
- Moosgummi Stanzteile ABC in Rot, davon 2 x Buchstabe M oder Moosgummireste in Rot, zum selber zurechtschneiden
- UHU Creativ

Schuhflügel

Variante in Gold
- 2 Gummibänder in Schwarz, 1 cm breit, 14 cm lang
- Bastelfilz in Schwarz, 2 mm stark, A5
- doppelseitiges Klebeband, 5 cm breit, 40 cm lang
- Polyester Glanz Jersey in Gold, Rest

Variante in Blau-Rot (siehe Seite 18)
- 2 Gummibänder in Schwarz, 1 cm breit, 14 cm lang
- Bastelfilz in Schwarz, 2 mm stark, A5
- doppelseitiges Klebeband, 5 cm breit, ca. 40 cm lang
- Metallic Jersey in Blau, Rest
- Metallic Jersey in Rot, Rest

Vorlage Seite 90

1

2

3

4

5

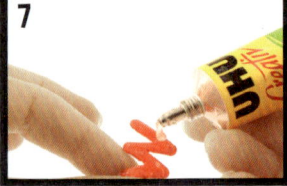

6

7

ANLEITUNG ARMSCHÜTZER UND SCHUHFLÜGEL

Armschützer in Rot bzw. Pink

1 Beklebe die zwei Klopapierrollen flächendeckend mit dem doppelseitigen Klebeband (Abb. 1, S. 16). Entferne das Trägerpapier und wickle anschließend den Alu-Bastelkarton um die Rollen.

2 Schneide an einer Seite die Papprollen senkrecht auf. Die rote Variante ist nun fertig und du kannst sie noch mit Aufklebern verzieren.

3 Schneide bei der pinkfarbenen Variante die Oberkante rund zu. Gehe mit der Schere dorthin, wo du die Rolle senkrecht aufgeschnitten hast. Beginne, etwa ein paar Zentimeter von der Oberkante entfernt, einen Bogen einzuschneiden, bis du auf der anderen Seite wieder auf gleicher Höhe ankommst (Abb. 3, S. 16). Nun klebst du noch je einen Moosgummi-Glitzeraufkleber mittig auf.

Armschützer in Silber bzw. Blau

1 Die Klopapierrollen malst du in der jeweiligen Acrylfarbe an. Wenn alles gut getrocknet ist, schneidest du die Rollen senkrecht an einer Seite auf. Klebe auf die blauen Rollen mittig einen Glitzeraufkleber aus Moosgummi und schon bist du fertig (Abb. 6, S. 16).

2 Hast du dich für die silberne Variante entschieden, malst du einen blauen Kreis mittig auf und klebst nach dem Trocknen einen Moosgummibuchstaben mit UHU Creativ in den Kreis. Du kannst hier die Buchstaben-Stanzteile verwenden oder dir selbst Buchstaben aus Moosgummi ausschneiden. (Abb. 7, S. 16)

3 Stülpe die Armschützer jetzt als cooles Accessoire über deine Handgelenke.

TIPP

Als Verzierung kannst du auch die Anfangsbuchstaben deines Namens aufmalen oder aus Moosgummi ausschneiden.

Schuhflügel

1 Übertrage die Flügelformen mithilfe der Vorlage viermal auf den Jersey-Stoff, zwei davon gespiegelt. Auf die Rückseite klebst du jeweils das doppelseitige Klebeband (Abb.1).

2 Schneide nun die Formen aus. Ziehe die Trägerfolie vorsichtig ab, damit der Stoff nicht einreißt und positioniere die Teile auf dem Filz. Schneide nun dicht an den Außenkanten entlang die Formen aus dem Filz aus (Abb. 4).

3 Verknote die Enden des Gummibands miteinander, jetzt hast du eine Schlaufe. Links und Rechts der Schlaufe, bringst du nun je einen Flügel an, indem du ihn wie einen Knopf am Gummiband festnähst (siehe Markierung auf der Vorlage). Wiederhole das Ganze für deinen zweiten Schuh.

4 Stülpe die coolen Schuhflügel über deine Schuhe und die Jagd nach Bösewichten kann beginnen!

FÜR ALLE FÄLLE!
SPEZIALGÜRTEL FÜR SUPERHELDEN

Schwierigkeitsgrad: 2

MATERIAL

- Alu beschichtete Noppenfolie, 45 cm x 67 cm
- Baumwollstoff in Orange-Gelb gestreift, 20 cm x 67 cm
- Baumwollstoff in Dunkel- und Hellgrün gepunktet, 10 cm x 67 cm
- Washi Tape in Grün-Weiß gestreift, 1,5 cm breit, 100 cm lang
- Washi Tape in Blau-Weiß gestreift, 1,5 cm breit, 100 cm lang
- Anorakdruckknopf in Antik, 15 mm
- überziehbare Knöpfe, ø 2,3 cm
- Baumwollstoffreste in Blau-Grün gepunktet
- 2 Karabiner, 3 cm x 4 cm

- Metallkette ø 3 mm, 20 cm lang
- Seifenblasenschwert, ø 3 cm, 37 cm lang
- Springseil ø 1 cm, 2 m lang
- Kompass, ø 4,5 cm
- Nähmaschine
- Nähnadel und Nähgarn
- Cutter mit Schneideunterlage
- Stahllineal
- Stecknadeln

19

ANLEITUNG SPEZIALGÜRTEL

1 Superhelden müssen auf alle Situationen vorbereitet sein und für alle Fälle vorsorgen. Ein Spezialgürtel ist dafür genau die richtige Ausrüstung! Schneide mithilfe eines Cutters und eines Stahllineals ein Stück Alu beschichtete Noppenfolie auf 45 cm x 67 cm zu. Schneide diese im Mittelsteg vertikal alle 5 cm ca. 3 cm weit ein.

2 Nun schneidest du aus dem Stoff in Dunkel- und Hellgrün gepunktet ein Stück mit 10 cm x 67 cm zu. Die obere und untere Kante zur Mitte hin falten (Abb. 1). Dann in der Mitte zusammenfalten und mit der Nähmaschine an der oberen und unteren Kante zusammennähen.

3 An den offenen Enden nach Herstellerangabe einen Druckknopf anbringen. Den Stoffstreifen nun abwechselnd oben und unten durch die Noppenfolie ziehen. Danach den Stoff in Orange-Gelb gestreift zweimal zu 10 cm x 67 cm zuschneiden.

4 Diesen Stoff, genauso wie den grünen Stoff falten und mit Stecknadeln an der silbernen Noppenfolie befestigen, sodass diese zwischen den Stoffschichten liegt (Abb. 2). Mit der Nähmaschine feststeppen. Verfahre genauso auf der anderen Seite.

5 Nun drei Knöpfe mit Resten des Baumwollstoffs nach Herstellerangaben beziehen und mithilfe von Nähnadel und Garn an den Gürtel nähen. Auch die zwei Karabiner annähen. An die Knöpfe kannst du später deine Spezialausrüstung dranhängen. An die Karabiner hängst du deinen Kompass und einen Plastikbehälter, den du mit Washi Tape in Grün-Weiß gestreift verziert hast.

6 Den Plastikbehälter kannst du mithilfe einer Schere mit einem kleinen Loch versehen und an ein Metallkettchen hängen. Abschließend noch das Seifenblasenschwert und Springseil durch die Gürtelschlaufen ziehen wie in Abbildung 4 zu sehen und ab geht die Jagd nach aufregenden Abenteuern im Großstadtdschungel.

ZING!

TIPP

Superheldenhilfsmittelchen, wie Knallfrösche, Seifenblasen und Blinklichter, können Bösewichte in kritischen Situationen ablenken und Traubenzucker verleiht dir kurzfristig Energie, wenn es drauf ankommt. Das alles kannst du in deinem Gürtel unterbringen – es ist immer gut, auf alles vorbereitet zu sein!

RED LIGHTNING
KOMPLETTES KOSTÜM FÜR JUNGS

MATERIAL

- Nähmaschine
- Cutter mit Schneideunterlage
- Schere
- Bügeleisen

Handstulpen
- (siehe Material auf Seite 12)

Cape
- Metallic Jersey, beschichtet, in Blau, 1,20 m x 1 m
- Baumwollstoff in Blau mit weißen Sternen, 42 cm x 31 cm
- Baumwollstoff in Rot mit weißen Sternen, 18 cm x 18 cm
- Schrägband in Türkis, 2 cm breit, 145 cm lang
- BSN Bügelfolie, 50 cm x 40 cm
- 2 Klettbänder Haken in Weiß, 2 cm breit, 5 cm lang
- 2 Klettbänder Flausch in Weiß, 2 cm breit, 5 cm lang oder selbstklebendes Klettband

Anzug
- Zentai Anzug in Rot, Gr. S
- Metallic Jersey, beschichtet in Blau, 60 cm x 12 cm
- Baumwollstoff in Blau mit weißen Sternen, 90 cm x 25 cm
- Baumwollstoff Rot mit weißen Sternen, 10 cm x 10 cm
- BSN Bügelfolie, 56 cm x 28 cm
- Badehose in Blau, Gr. 140
- Bügelfolienreste in Glitter
- 2 Gürtelschnallen, 3 cm x 6,5 cm
- Motivstanzer Stern ø 3,5 cm
- Motivstanzer Stern ø 2,5 cm

Vorlage Seite 93

ANLEITUNG

Handstulpen
Die Anleitung und Materialliste zu den Handstulpen findest du auf den Seiten 12 und 13.

Cape
Die Anleitung zum Cape findest du auf den Seiten 6 und 7.

Anzug

1 Für den besonderen Superheldenlook besorgst du dir einen Zentai Anzug und schneidest dir mithilfe einer kleinen Schere je nach Gesichtsform die Augenpartien frei. Nun noch die Mundpartie abschneiden, sodass zwischen abgeschnittenem Mund- und Augenbereich ein Steg bleibt (Abb. 1).

2 Mithilfe eines Bügeleisens die BSN Folie nach Herstellerangaben auf den Metallic-Jersey- und den Baumwollstoff aufbügeln. Auf diese Bügelteile die Sterne nach der Vorlage übertragen, ausschneiden und auf den Anzug in Brusthöhe vorne aufbügeln. Für die Applikation auf dem Cape genauso verfahren (Abb. 2 und 3).

3 Auf ein Bein des Anzugs einen Streifen des Metallic-Jersey-Stoffs (vorher BSN-Folie auf den Stoff aufbügeln) mittig ab Hüfthöhe aufbügeln. Abschließend auf eine dunkelblaue Badehose Bügelfolie in Sternform aufbügeln (Abb. 4). Benutze zum Ausstanzen die zwei Stanzer und bügle drei größere und neun kleinere Sterne auf.

4 Für den Gürtel den blauen Baumwollstoff nach Vorlage ausschneiden. Den Stoff zu einem Tunnel falten (Motivseite nach innen) und mit der Nähmaschine einmal absteppen. Den Stofftunnel von innen nach außen stülpen und die Enden an den Gürtelschnallen anbringen (Abb. 5). Nun kannst du alles anziehen und superheldenhaft losjagen.

PFFFT

BALLERINELLA
KOMPLETTES MÄDCHENKOSTÜM

MATERIAL

- Maßband
- Stecknadeln
- Schere

Accessoires
- Nixen-Perücke in Grüntönen mit Glitzerstern
- Wollstulpen in Rosa
- silberner Stretchgürtel mit Reißverschluss
- Armschützer in Pink (siehe Anleitung Seite 16/17)

Anzug mit Cape
- Zentai Anzug in Jade, Gr. S
- Metallic Jersey in Silber, 1 m x 1 m
- Metallic Jersey in Pink, A5
- Flechtschnur in Petrol, 30 cm lang
- 2 Klettbänder Haken in Weiß, 2 cm breit, 5 cm lang
- 2 Klettbänder Flausch in Weiß, 2 cm breit, 5 cm lang oder selbstklebendes Klettband

Tütü
- Gummiband in Weiß, ca. 2 cm breit, 65 cm lang
- fester Tüll in Jade, 1,40 m x 1,50 m
- fester Tüll in Rosa, 1,40 m x 1,50 m
- fester Tüll in Gelb, 90 cm x 150 cm
- 14 Glitzerstern Schaumgummi-aufkleber, ø 1 cm–3 cm

Vorlage Seite 90

ANLEITUNG

Cape

1 Das Cape fertigst du genau wie auf Seite 6 (Schritt 1 bis 6 beschrieben) an. Verwende hierzu den Jersey-Stoff in Silber und für das Emblem die Vorlage auf Seite 90.

Anzug mit Emblem

1 Übertrage mithilfe der Vorlage auf Seite 90 die Formen des Superheldenemblems auf die schöne Seite des Jersey-Stoffs in Pink. Die Rückseite beklebst du komplett mit dem doppelseitigen Klebeband (Abb. 1).

2 Schneide nun das Emblem aus (Abb. 2). Ziehe vorsichtig, damit der Stoff nicht einreißt, die Trägerfolie ab und positioniere die Stoffformen übereinander auf deinem Zentai-Anzug und drücke sie fest an (Abb. 3).

Tütü

1 Miss deinen Taillenumfang und ziehe zehn Zentimeter vom Umfang ab. Auf diese Länge schneidest du das Gummiband zu. Verknote anschließend die Enden doppelt miteinander (Abb. 4).

2 Schneide jetzt aus dem Tüll Streifen von etwa 75 cm x 10 cm. Nun knickst du einen Streifen mittig, sodass eine Schlaufe entsteht. Die Schlaufe legst du nun so unter das Gummiband, wie in Abbildung 5 zu sehen.

3 Führe nun die beiden Enden vor dem Gummiband von vorne nach hinten oben in das Schlaufenende ein. Jetzt straffst du die Tüll-Enden, sodass der Tüll-Streifen am Gummiband festgeknotet ist (Abb. 6).

4 Das wiederholst du nun reihum und übereinander mit all deinen Tüllstreifen. Verteile dabei die verschiedenen Tüllfarben gleichmäßig.

5 Wenn du alle Tüllstreifen angeknotet hast, ist dein Tütü auch schon fertig und du kannst die Glitzersterne als Verzierung aufkleben. Und jetzt? Wirf dich in deinen Superheldinnen-Anzug und rette die Stadt vor dem nächsten verrückten Bösewicht!

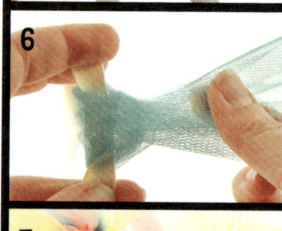

WALHALLA-POWER!
SCHUTZSCHILD AUS PAPPE

MATERIAL

- Karton, 3 mm stark, ø 35 cm
- Fotokarton in Silber, 70 cm x 100 cm
- Fotokarton in Rot, 30 cm x 9 cm
- Hologrammfolie, selbstklebend, in Blau 35 cm x 35 cm
- Styropor®-kugel, ø 12 cm
- Seidenpapier in Rosa, A3
- 3D Liner in Dunkelblau
- 6 Pappmaschee-Spitztüten, ø 6,5 cm, 13 cm lang

- UHU Hart Spezialkleber
- UHU Styropor®-kleber
- Leder (Rest) in Natur
- Sprühlack in Scharlachrot, Ultramarinblau und Silber
- Cutter mit Schneideunterlage
- Sprühunterlage
- Schere

Vorlage Seite 93

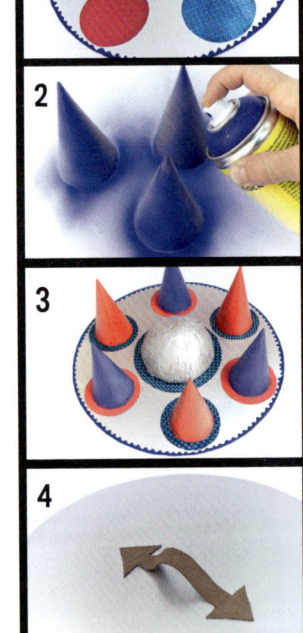

ANLEITUNG

1 Schneide den Karton einmal und den Fotokarton zweimal nach der Vorlage zu. Die drei Teile mithilfe von Sprühkleber aufeinander kleben, dabei liegt der Karton in der Mitte. Die Kreise aus Hologrammfolie und Fotokarton in Rot ausschneiden und mit Sprühkleber auf das Schild kleben.

2 Verziere den Rand des Schildes mithilfe des 3D Liners mit dem Zackenmotiv und lass es gut trocknen. Die Pappmaschee-Spitztüten mit Sprühlack in Blau und Rot besprühen und trocknen lassen. Danach mit UHU Hart Spezialkleber auf die Punkte kleben wie in Abbildung 3 zu sehen.

3 Zerteile für die Mitte eine Styropor®-kugel mittig und umklebe eine Hälfte mit Seidenpapier. Danach das Ganze mit Sprühlack in Silber besprühen und trocknen lassen.

4 Abschließend die Kugel mit Styropor®-kleber auf die Mitte des Schildes kleben. Für den Griff auf der Rückseite einen Lederrest nach Vorlage zuschneiden und mit UHU Hart Spezialkleber auf die Rückseite des Schildes kleben. Gut trocknen lassen. Dein Schild ist nun einsatzbereit!

TIPP

Als Applikation für das Schild kannst du anstatt der Pappmaschee-Spitztüten auch Joghurtbecher nehmen, die du bunt ansprühst. Auch Knicklichter kannst du als Spezialeffekt am Schild anbringen.

WHOOOM!
RIESENFÄUSTE AUS SCHAUMSTOFF

Schwierigkeitsgrad: 3

MATERIAL

- Nackenrolle, ø 15 cm, 50 cm lang
- Acrylfarbe in Lagune
- Acrylfarbe in Petrol
- Acrylfarbe in Hellblau
- Cuttermesser mit Schneidcunterlage

- Pinsel
- Permanentmarker
- kleine spitze Schere
- normale Schere

ANLEITUNG

1 Teile die Nackenrolle in der Mitte mit dem Cuttermesser. Skizziere grob auf der Rolle mit einem wasserfesten Stift, wie die Faust aussehen soll, dazu brauchst du etwas dreidimensionales Vorstellungsvermögen. Guck mal, wie deine eigene Faust aussieht.

2 Auf der Oberseite der Rolle malst du drei Striche für die Finger. Die Striche verlängerst du an der Vorderseite entlang. Quer über die Streifen skizzierst du jetzt eine Daumenform (Abb. 1).

3 An den eingezeichneten Linien entlang schneidet jetzt ein Erwachsener für dich mit dem Cuttermesser den Schaumstoff etwa 3 cm tief ein.

4 Dann rundet dein erwachsener Superhelden-Assistent mit der großen Schere die Kanten der Rillen schön ab, sodass die Form der Finger nun auch dreidimensional erkennbar wird. Mit der kleineren Schere könnt ihr die Formen noch verfeinern (Abb. 4).

5 Zum Schluss schneidet ihr gemeinsam mit der großen Schere ein im Durchmesser 8 cm großes und 10 cm tiefes Loch in die Unterseite der Faust, sodass du später deine eigene Faust reinstecken kannst. Die Riesenhände funktionieren nämlich wie Boxhandschuhe (Abb. 5).

6 Jetzt malst du die Faust mit der Acrylfarbe in Lagune an. Achtung, du brauchst sehr viel Farbe, denn du bemalst ja schließlich so etwas wie einen Schwamm.

7 Zum Schluss malst du mit Acrylfarbe in Petrol alle tiefen Rillen nach, um die Hände noch plastischer aussehen zu lassen. Auf den Fingern kannst du noch einige zarte Querstreifen in Hellblau aufmalen und die Hände werden noch realistischer (Abb. 7).

8 Mit diesen Megariesenfäusten kannst du dich den stärksten Feinden stellen! BAAM... POOW...PUFF!!!

TIPP

Die Riesenfäuste sind ein tolles Superhelden-Spielzeug, denn damit könnt ihr euch ohne Verletzungsgefahr so richtig „batteln"! Denk dir wilde Geschichten dazu aus. Blaubeersaft könnte dein Zaubertrank sein, durch den dir diese Riesenhände wachsen, die dich unbesiegbar machen.

KLEINE HELDEN
SUPERHELDENSCHMINKE

Schwierigkeitsgrad: 1

MATERIAL

- Aqua Schminke in Violett, Blau, Rosa und Schwarz
- Pinsel
- 20 ml Wasser
- Feuchttücher
- Hautkleber (optional)
- 2 Strasssteine zum Aufkleben, ø 2 mm (optional)

ANLEITUNG

1 Gieße ein wenig Wasser in ein Gefäß und benetze den Pinsel damit. Nimm etwas von der blauen Farbe auf und ziehe zuerst um die Augenpartie einen Kreis. Danach einen weiteren Kreis in Rosa um den blauen Kreis ziehen. Wasche zwischendurch den Pinsel immer gut aus.

2 Nun mit violetter Farbe die linke und die rechte Augenpartie, wie in Abbildung 2 zu sehen, mit Farbe umranden. Du kannst nun optional mithilfe von Hautkleber zwei Strasssteine im Stirnbereich anbringen. Lasse diese gut trocknen und ziehe

abschließend rechts und links im Wangenbereich ein paar Striche mit schwarzer Schminke. Dasselbe wiederholst du im Stirnbereich (Abb. 4).

TIPP

Im Buch findest du noch weitere Schminkideen auf Fotos, die du als Inspiration nutzen kannst! Blättere einfach mal durch!

SIGNALBEAMER!
SCHABLONEN FÜR DIE TASCHENLAMPE

Schwierigkeitsgrad: 2

MATERIAL

- Taschenlampe, ø 7 cm
- Plastikdeckel, ø 7,5 cm
- Fotokarton in Schwarz, A4
- Fensterfolienrest in Blau, Rot und Gelb
- Skalpell
- UHU Alleskleber

Vorlage Seite 91

Varianten

ANLEITUNG

1 Wenn Superhelden sich in der Dunkelheit den Weg leuchten möchten oder ihren befreundeten Superhelden Signale senden wollen, benutzen sie natürlich keine stinknormale Taschenlampe sondern einen „Signalbeamer" mit bestimmten Motiven. Diesen kannst du dir ganz einfach selbst basteln. Miss dazu den Durchmesser deiner Taschenlampe vorne an der Scheibe aus.

2 Passe die Vorlage auf den gemessenen Durchmesser an. Übertrage die Vorlage auf den Fotokarton und schneide die Form mithilfe eines Skalpells oder einer kleinen spitzen Schere zu (Abb. 1). Lege die ausgeschnittene Form in den Plastikdeckel hinein und teste, ob diese darin schön flach liegt. Nehme dann wieder den Tonkarton heraus.

3 Wenn der verwendete Plastikdeckel nicht genau auf deine Taschenlampe passt, kannst du noch ein wenig Kreppband um die Lampe wickeln, wie in Abbildung 3 zu sehen. Den Tonkarton mithilfe von Alleskleber auf ein Stück rote Fensterfolie kleben und den Kreis ausschneiden (Abb. 4).

4 Nun kannst du die fertige Schablone mit dem Superheldensymbol in den Plastikdeckel legen und diesen auf den Rand der Taschenlampe stecken. Fertige nach dem gleichen Prinzip die anderen Schablonen an und lege immer das Symbol in den Plastikdeckel, dass du gerade benötigst.

TIPP

Du kannst die Fensterfolie auch weglassen, dann ist der Lichtstrahl zwar nicht farbig, aber die Leuchtkraft höher, da die Folie etwas Licht schluckt. Entwirf dir dein ganz individuelles Superheldenemblem als Erkennungsmerkmal.

GLITTER-HELDENLOOK!
PERÜCKE MIT STIRN-DIADEM

MATERIAL

- Raffiabast in Hellblau, 150 g
- Raffiabast in Türkis, 60 g
- alte Netzstrumpfhose, Erwachsenengröße
- Gummilitze in Schwarz, ca. 50 cm lang
- Gummiband in Schwarz, ca. 1 cm breit, 30 cm lang
- Bastelfilz in Royalblau, 3 mm stark, A4
- Metallic Jersey in Silber, Rest

- Metallic Jersey in Silber, Rest
- Glitzerstein Kreis in Lila, ø ca. 1,4 cm
- Nadel und Garn bzw. Nähmaschine
- Maßband
- UHU Hart Spezialkleber
- Schere

Vorlage Seite 91

ANLEITUNG

1 Schneide von einer Netzstrumpfhose das Bein von der Spitze aus 14 cm lang ab (Abb. 1). Fädle oder „webe" mit den Fingern die Gummilitze, die etwas kleiner als dein Kopfumfang sein sollte, entlang des Randes durch die Netzlöcher (Abb. 2). Verknote die Enden der Gummilitze miteinander, sobald du einmal ganz herum bist, und probier mal, ob dir dieses „Haarnetz" passt.

2 Schneide aus dem Raffiabast Stränge von etwa einem Meter Länge ab. Die Stränge knickst du nun mittig und erhältst dadurch eine Schlaufe, die du durch ein Netzloch von hinten hindurchführst (Abb. 3). Durch diese Schlinge fädelst du nun von vorne die Enden des Raffiastrangs ein. Straffe die Bastenden, sodass ein Knoten entsteht.

TIPP

Bastle dir mit dieser Anleitung verrückte Perücken in allen Farben. Du kannst deiner Perücke auch eine Frisur schneiden oder kürzere Baststränge verwenden, damit „dein Haar" wilder absteht.

3 Wiederhole das Ganze mit allen zugeschnittenen Raffiasträngen. Dabei kannst du auch hier und da Netzlöcher auslassen. Wenn du eine sehr dichte Perücke haben willst, solltest du sehr viel Bast verwenden. Bei der Perücke auf dem Foto wurde nur entlang des Randes und entlang des Scheitels sehr dicht geknotet.

4 Mithilfe der Vorlage auf Seite 91 schneidest du dir aus dem Bastelfilz das Diadem zu. An den Enden des Filzes nähst du jeweils ein Ende des Gummibands an (Abb. 6). Dazu musst du deinen Kopfumfang berücksichtigen und das Gummiband vorher entsprechend in die richtige Länge schneiden.

5 Aus dem Metallic-Jersey-Stoff schneidest du dir die Rauten aus und klebst sie zusammen mit dem Glitzerstein übereinander auf dem Diadem mittig fest (Abb. 7). Wenn alles fertig ist, stülpst du dir zuerst das Diadem über den Kopf und dann die Perücke selbst. Anschließend schiebst du das Diadem über die Kante der Perücke, bis alles so sitzt wie du es haben möchtest und es nirgends drückt oder zwickt.

Superhelden basteln
ALLE MEINE SUPERHELDEN

Bastle dir deine eigenen Superhelden. Du kannst sie kneten, nähen, einfrieren und dir ein Superhelden-Puppentheater basteln! Auch superheldenstarke Ideen für dein Haus- oder Stofftier findest du in diesem Kapitel.

POP!

TIPP

Fertige dir Superhelden in deinen Lieblingsfarben an. Du kannst auch statt der Glitzersteine Moosgummi-Teile zum Verzieren verwenden. Jetzt könnt ihr lustige Finger-Fights austragen oder Daumendrücken spielen.

VORHANG AUF!

SUPERHELDEN-FINGERPUPPEN

Superhelden-theater

Schwierigkeitsgrad 1

MATERIAL

Variante in Rot

- alte Feinstrick-Handschuhe in Rot
- Glitzerstein Stern in Gelb
- Metallic Jersey in Blau, Rest
- Metallic Liner in Mintgrün
- Metallic Liner in Weiß
- Permanentmarker in Schwarz
- UHU Creativ
- UHU Alleskleber
- Schere

Variante in Türkis

- alte Feinstrick-Handschuhe in Türkis
- Glitzerstein Stern in Rot
- Metallic-Jersey in Rot, Rest
- Metallic Liner in Gelb
- Metallic Liner in Weiß
- Permanentmarker in Schwarz
- UHU Creativ
- UHU Alleskleber
- Schere

ANLEITUNG

1 Schneide von einem alten Handschuh zwei Finger ab (Abb. 1). Einen schneidest du etwa 2–3 cm von der Spitze entfernt ab. Den anderen schneidest du etwa 3–4 cm lang ab und schneidest dann die Spitze ab (Abb. 2). Stülpe beide Teile auf einen dicken Stift.

2 Bei dem Teil, wo die Spitze noch dran ist, trägst du an der Schnittkante dünn Klebstoff auf oder etwas Metallic Liner, damit die Schnittkanten nicht aufdröseln (Abb. 3). Dann setzt du mit dem Metallic Liner in Weiß zwei Punkte nebeneinander als Augen. Lass das Ganze gut trocknen.

3 Bei dem schlauchigen Teil verzierst du die Kanten ebenfalls mit dem Metallic Liner und lässt sie gut trocknen (Abb. 4). Schneide dir ein kleines Cape aus dem Rest des Metallic-Jersey-Stoffs zu (Abb. 5). Das klebst du nach dem Trocknen mit etwas Klebstoff an der oberen Kante des schlauchigen Stücks fest. Mit dem lösungsmittelfreien Alleskleber bringst du den Glitzerstern vorn mittig auf.

4 Wenn auch das alles getrocknet ist, malst du mit dem Permanentmarker schwarze Pupillen auf die weißen Augenpunkte und vielleicht noch Augenbrauen. Fertig sind deine Mini-Superhelden! Nun kannst du sie vorsichtig vom Stift abnehmen und auf deine Finger stülpen.

LEUCHTENDER SUPERHELD!
LAMPION AUS PLASTIKFLASCHE

Schwierigkeitsgrad: 1

MATERIAL

- Kreppband in Grün, 3 cm x 30 cm
- leere Plastikflasche, ø 7 cm, 33 cm hoch
- Aqua Farbe in Ultramarinblau
- Wellpappe in Blau, 30 cm x 10 cm
- Washi Tape in Blau-Weiß gestreift

- Fotokartonrest in Neongelb und Gold
- Metallpapier in Rot, 31 cm x 27 cm
- Lampionstab, ø 1 cm, 39 cm lang
- Styropor®-kugel, ø 8 cm
- Acrylfarbe in Aubergine und Hautfarbe

- UHU Alleskleber
- UHU Styropor®-kleber
- UHU Glitzerkleber in Blau
- Haargummis
- Pinsel
- Apfelstecher
- Schere

Vorlage Seite 93

ANLEITUNG

1 Schneide mithilfe der Vorlage das Cape aus dem Metallpapier und die „Pow`s" und den Stern aus dem Fotokarton aus. Male die Plastikflasche mit dem Pinsel und Aqua Farbe in Ultramarinblau an. Lass alles gut trocknen.

2 Umwickle in der Zwischenzeit die Styropor®-kugel mit Kreppband (Abb. 1). Das sorgt im nächsten Schritt für mehr Stabilität. Nun mithilfe des Apfelstechers ein Loch in die Styropor®-kugel stechen.

3 Danach die Wellpappe zu 30 cm x 10 cm zuschneiden und mit Alleskleber den unteren Bereich der Plastikflasche damit umkleben. Mit Haargummis vorsorglich fixieren. Die Ränder der Wellpappe mit Washi Tape bekleben (Abb. 2).

4 Die Sterne ebenfalls mit Alleskleber auf die Wellpappe kleben. Wieder gut trocknen lassen. Nun auf der linken und rechten Seite der Flasche mithilfe eines Cutters einen kleinen Schnitt anbringen und die „Pow`s" einstecken. Das Cape befestigen und die Sterne mit Glitzerkleber verzieren.

5 Bemale nun den Styropor®-kopf, wie in Abbildung 5 zu sehen, mit Acrylfarbe in Hautfarbe und Aubergine. Du kannst nun die Lampe des Lampionstabs durch die Styropor®-kugel stecken und den Kopf auf die Flasche aufdrehen (gegebenenfalls auch Styropor®-kleber verwenden).

6 Die Stäbe haben einen integrierten Hacken, den du in das Styropor® stecken kannst, um den Stab zu fixieren. Sollte der Stab dennoch nicht halten, stecke von der Seite einen kleinen Holzstab in die Styropor®-kugel, an dem der Haken des Lampionstabs angehängt werden kann. Jetzt kannst du deinen Helden, wenn es dunkel wird, in glänzendem Licht erstrahlen lassen.

1

2

3

4

5

TREUER BEGLEITER
SUPERHELDENHAUSTIER

Schwierigkeitsgrad 1

MATERIAL

- Metallic Jersey in Rot, ca. 0,4 m x 1 m
- Metallic Jersey in Blau, Rest
- Metallic Jersey in Gold, Rest
- Bastelfilz in Schwarz, 2 mm stark, A5
- doppelseitiges Klebeband, 5 cm breit, ca. 30 cm lang
- Textilkleber
- Stoffschere

Vorlage Seite 91

Halstuch und Bündchen

ANLEITUNG

Halstuch

1 Dass dein tierischer Freund auch ein Superheld ist, steht ja wohl außer Frage – und das soll man auch sehen! Falte den Metallic-Jersey-Stoff in Rot mittig zusammen, sodass ein Quadrat von ca. 50 cm x 50 cm vor dir liegt. Schneide den Stoff nun von einer Ecke der Bruchkante aus in einer diagonalen Linie bis zur anderen Ecke durch.

2 Wenn du den Stoff entfaltest, liegt nun ein Dreieckstuch vor dir. Übertrage mithilfe der Vorlage die Blitz-Form auf die schöne Seite des Metallic Jersey-Stoffs in Blau. Das „F" überträgst du auf den Metallic Jersey-Stoff in Gold.

3 Die Rückseite des Stoffstücks beklebst du mit dem doppelseitigen Klebeband. Schneide den Blitz entlang der aufgemalten Kanten sauber aus. Nun klebst du ihn auf den schwarzen Bastelfilz auf, indem du vorsichtig das Trägerpapier vom doppelseitigen Klebeband entfernst (Abb. 1).

4 Jetzt schneidest du die Form aus dem Bastelfilz aus (Abb. 2). Auf den großen Blitz klebst du mit Textilkleber das goldene „F". Das ganze Teil klebst du nun auf die Spitze deines Dreieckstuchs (Abb. 3).

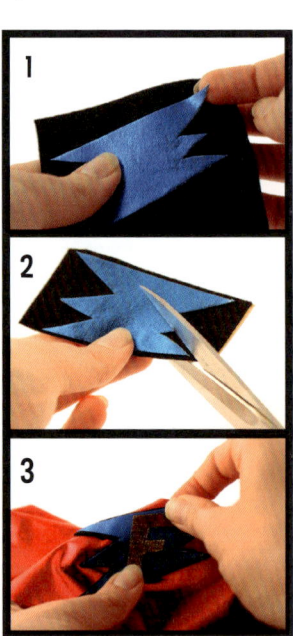

TIPP

Zusätzlich kannst du deinem Superhelden-Gefährten, passend zum Halstuch, Bündchen für die Beine nähen. Sei jedoch vorsichtig, nicht jedes Haustier mag es, sich etwas anziehen zu lassen. Du kennst dein Tier am besten. Wenn es sich wehrt, lass es bitte sein! Alternativ kannst du auch dein Lieblingsplüschtier verkleiden.

ICEFREEZE!
SUPERHELD TIEFGEFROREN

MATERIAL

- lufttrockende Modelliermasse, in Braun, 400 g
- Acrylfarbe in Granatrot, Reseda, Hautfarbe und Türkis
- Permanentmarker in Schwarz
- Holzstab, ø 0,2 cm, 6 cm lang
- Klarlack, seidenmatt

- UHU Glitzerkleber in Silber
- UHU Hart Spezialkleber
- Pinsel
- Glasbehälter, ca. 15 cm hoch
- Eisfach
- Wasser

ANLEITUNG

1 Um diesen Superheldenkumpel zu modellieren, nimmst du dir ein Drittel der Modelliermasse und formst mit den Händen eine Kugel. Für den Unterkörper formst du eine Rolle, die nach oben hin dünner wird.

2 Stecke den Holzstab von oben in die Rolle. Die Kugel für den Kopf auf den Stab stecken. Lass die Modelliermasse nach Herstellerangaben trocknen (Abb 1).

3 Nimm den Kopf wieder vom Körper und bemale deinen Superhelden wie in Abbildung 2 zu sehen mit Acrylfarben.

4 Beginne mit dem hautfarbenen Kopf, dann geht es weiter mit Türkis für den Körper und den Verzierungen in Granatrot und Reseda (Abb. 3). Lass alles gut trocknen!

5 Mit dem schwarzen Permanentmarker malst du das Cape und die Maske auf. Fixiere den Kopf nun dauerhaft mit UHU Kraft Spezialkleber. Male mit dem Glitzerkleber einen silbernen Stern auf den Körper und lass diesen trocknen (Abb. 6). Abschließend besprühst du deine Superheldenfigur mehrmals mit farblosem Klarlack.

TIPP

Oh nein, dein Superheldenkumpel wurde von einem irren Bösewicht gefreezed! Unternimm schnell etwas und bespritze den Eisklumpen mit lauwarmem Wasser aus einer Wasserpistole, bis das Eis schmilzt und dein Freund wieder befreit ist.

KUSCHELHELD!
SUPERHELD GENÄHT

MATERIAL

- Nähmaschine
- Nähgarn und Nähnadel
- Stoffschere
- kleine Schere
- Stecknadeln
- Textilkleber
- Bügeleisen mit Unterlage
- Kugelstab als Stopfhilfe

Held Rot
- Baumwollstoff in Beige, A4
- Baumwollstoff in Rot, 30 cm x 60 cm
- Baumwollstoff in Blau gestreift, 30 cm x 60 cm
- Baumwollstoff in Gelb mit Tupfen, 12 cm x 25 cm
- Satinstoff in Hellblau, 40 cm x 70 cm
- Bucheinbandleder in Schwarz, A5
- 2 Augenknöpfe, ø 1,4 cm
- Kokosknopf Perlmutt, ø 3 cm
- Füllwatte, ca. 200 g

- Textilmarker in Schwarz
- Flechtkordel in Blau, 30 cm lang
- Metallic Jersey in Silber, Rest

Held Lila
- Baumwollstoff in Beige, A4
- Baumwollstoff in Lila, etwa 30 cm x 100 cm
- Baumwollstoff in Grün gestreift, 30 cm x 30 cm
- Baumwollstoff in Gelb mit Tupfen, 12 cm x 25 cm
- Satinstoff in Rot, 40 cm x 70 cm
- Bucheinbandleder in Schwarz, A5
- 2 Augenknöpfe, ø 1,4 cm
- Kokosknopf Perlmutt, ca 3 cm
- Füllwatte, ca. 200 g
- Textilmarker in Schwarz
- Flechtkordel in Blau, 30 cm lang
- Metallic Jersey in Rot, Rest

Schnittmuster Seite 91

ANLEITUNG

1 Übertrage alle Teile mithilfe des Schnittmusters auf den jeweiligen Stoff bzw. auf das Leder. Du brauchst, außer den entsprechend markierten Teilen, alle Teile zweimal. Die Tolle musst du einmal gespiegelt auf den Stoff übertragen. Schneide nun alle Teile aus – die Nahtzugabe von 0,5 cm ist im Schnittmuster schon enthalten (Abb. 1). Nun legst du dir deinen Superhelden einmal aus den Teilen zusammen (Abb. 2) – na, nichts vergessen?

2 Nähe jetzt alle Teile mit der Nähmaschine aneinander, dabei sollte dir ein erwachsener Superhelden-Assistent behilflich sein. Die Beine kommen an das Teil für den Po, die Arme an den Oberkörper, die Tolle an den Kopf, der Kopf an den Oberkörper. Ober- und Unterkörper werden zusammengenäht. Das ganze musst du zweimal machen, für die Vor- und für die Rückseite. Bügle anschließend alle Nähte flach.

3 Als nächstes nähst du dir die Ohren, indem du die zwei Teile mit den schönen Stoffseiten aufeinander legst und nah an der Bogenkante absteppst – die gerade Kante lässt du offen. Schneide die Naht-zugabe an der Bogenkante im Abstand von 0,5 cm senkrecht zur Naht ein (Abb. 5). Wende deine Ohren durch die Öffnung von innen nach außen.

4 Platziere die Maske auf dem Gesicht und die Ohren am Kopf, jeweils an der Position, wo du die Teile haben möchtest. Die Ohren klappst du nun zur Mitte, sodass die geraden Kanten deckungsgleich mit den Außenkanten des Kopfes liegen. Maske und Ohren fixierst du mit einigen Stecknadeln (Abb. 6). Das Ganze wiederholst du mit dem Gürtel, den du auf der Naht zwischen Ober- und Unterteil positionierst.

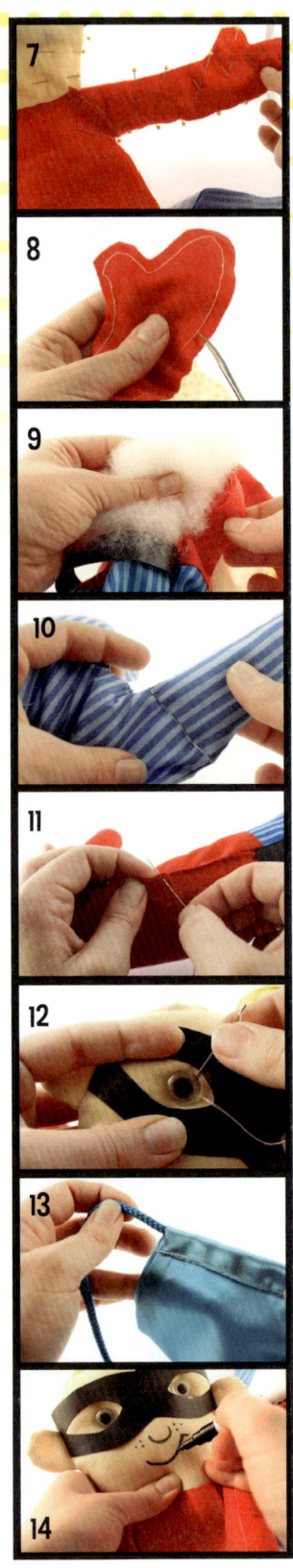

5 Anschließend legst du die Superheldenvorderseite deckungsgleich auf die Hinterseite auf und zwar so, dass sie mit den schönen Seiten aufeinander liegen, rechts auf rechts. Fixiere die Teile an den Rändern mit Stecknadeln (Abb. 7). Nun nähst du einmal rundherum an der Außenkante entlang. Unter einem der Arme lässt du einen Schlitz von ca. 8 cm offen, damit du deinen Superhelden später von innen nach außen stülpen kannst.

6 Jetzt schneidest du die Nahtzugabe rundherum senkrecht und im Abstand von 0,5 cm ein (Abb. 8). Entferne alle Stecknadeln und wende deinen Superhelden durch die Öffnung.

7 Nimm die Füllwatte portionsweise und befülle damit die Arme, die Beine und die Tolle (Abb. 9). Als Stopfhilfe kannst du einen Kugelstab verwenden, oder wenn du keinen zur Hand hast, einen langen Stift. Nähe von außen noch eine Naht über die Naht, wo die Beine auf den Unterkörper treffen, die Arme auf den Oberkörper und die Tolle auf den Kopf (Abb. 10).

8 Anschließend befüllst du auch den Kopf und den Rumpf mit Füllwatte. Nähe deinen Superhelden an der Öffnung mit Nadel und Faden von Hand zu. Klappe hierzu die Nahtzugaben nach innen, lege sie übereinander und fixiere sie mit einigen Stecknadeln. Jetzt kannst du die Naht mit einigen Überwendlingsstichen schließen (Abb. 11).

9 Nähe den Perlmuttknopf mittig auf den Gürtel und die Augen in die Ausschnitte der Maske (Abb. 12). Hierzu nähst du einige Male von vorn nach hinten durch den ganzen Kopf durch, damit die Augen sich schön an das Gesicht heranziehen lassen. Schneide jetzt noch einen Stern oder ein „S" aus dem Metallic Jersey-Stoff aus und klebe das Teil mit Textilkleber auf den Bauch deines Superhelden.

10 Für das Cape überträgst du die Vorlage zweimal auf den Satinstoff und schneidest die Teile aus. Lege sie rechts auf rechts übereinander und fixiere sie mit Stecknadeln. Steppe die Kanten rundherum ab, bis auf einen kleinen Schlitz, den du für das spätere Wenden von innen nach außen offen lässt. Schneide die Außenkanten im Abstand von 0,5 cm senkrecht zur Naht ein.

11 Wende dein Cape und bügle es zusammen mit einem erwachsenen Helfer glatt. Beachtet dabei die Herstellerangaben bei Satinstoffen. Nun schließt du die Wendeöffnung, indem du die Nahtzugaben nach innen klappst und knapp am Rand mit Überwendlingsstichen darüber nähst.

12 Lege nun die Flechtkordel 1,5 cm vom Rand entfernt an die Oberkante des Mini-Capes und klappe den Rand über die Kordel. Fixiere den Stoff mit Stecknadeln und nähe entlang der umgeklappten Kante, sodass ein Tunnelzug entsteht (Abb. 13). Versäubere die Fäden und binde deinem Superhelden sein Cape mit einer Schleife um. Zum Schluss malst du mit dem Textilmarker in Schwarz noch Nase, Ohrlöcher, Mund und Sommersprossen auf (Abb. 14).

SUPERCLEVER!
SUPERHELDENSPIEL

MATERIAL

- Stahllineal
- Schere
- Cutter mit Schneideunterlage

Spielbrett
- Fotokarton in Gelb, Rot, Mintgrün, Hellblau, Schwarz und Hautfarbe
- feiner Filzstift in Schwarz
- Karton in Natur, 3 mm stark, 48,3 cm x 38,8 cm
- Glitterkarton in Dunkelblau, 48,3 cm x 38,8 cm
- Glitterkartonrest in Silber
- Glitterkartonrest in Hellblau
- Glitzersticker Zahlen und Sterne, ø 1,6 cm
- Hologrammkartonreste

- UHU Alleskleber
- UHU Sprühkleber
- Würfel

Spielfiguren
- 3 Spielfiguren in Gelb, Rot und Blau, ø 1,2 cm, 2,3 cm hoch
- 3 Holzsterne in Gold, Rot und Natur, ø 2 cm
- 3 Strasssteine in Hellblau, ø 0,5 cm
- doppelseitiges Klebeband

Vorlage Seite 92

ANLEITUNG

Superhelden haben nicht nur Kraft in den Armen, sondern sind auch besonders clever, wenn es um Spezialtricks bei Brettspielen geht. Wenn du auch beim Spielen deine Superheldenkräfte beweisen willst, tu es bei diesem ultrafetzigen Superheldenbrettspiel.

1 Schneide mithilfe der Vorlage die Grundfläche aus Karton aus und beklebe sie mit dunkelblauem Glitterpapier im gleichen Format. Verwende zum Zusammenkleben am besten Sprühkleber.

2 Schneide dir jetzt mithilfe der Vorlage den Parcour für das Spiel zurecht. Benutze die einzelnen Elemente des Parcours als Vorlage für die verschiedenen Farbfelder in Gelb, Rot, Mintgrün und Hellblau. Klebe sie mit Alleskleber auf die dunkelblaue Glitterfläche und orientiere dich dabei an der Vorlage (Abb. 1).

3 Beklebe nun die Farbflächen abwechselnd mit Glitzerstickern in Sternform und Zahlenform. Aus Fotokarton in Mintgrün und Rot den Start- und

Zielpunkt ausschneiden und mit Alleskleber auf das Spielbrett kleben.

4 Nun den kleinen Superhelden vorbereiten und nach Vorlage alle Einzelteile aus Fotokarton in Schwarz, Rot, Hautfarbe und Glitterkarton in Hellblau ausschneiden. Die Einzelteile auf Pappe zu dem fertigen Superhelden aufkleben und mithilfe einer Schere noch einmal ausschneiden.

5 Du kannst nun das Gesicht und ein paar Verzierungen mit einem dünnen schwarzen Filzstift auf die Figur aufmalen (Abb. 3). Klebe die Figur mit Alleskleber auf das Spielbrett. Schneide die Sprechblasen und die Blitze aus Fotokarton nach Vorlage aus und klebe sie ebenfalls mit Alleskleber auf das Spielbrett.

6 Die Spielfiguren bastelst du, indem du verschiedenfarbige Holzsterne mit doppelseitigem Klebeband auf Spielfiguren klebst und anschließend jeweils einen Plastikstrassstein in Hellblau anbringst. Das Spiel kann beginnen!

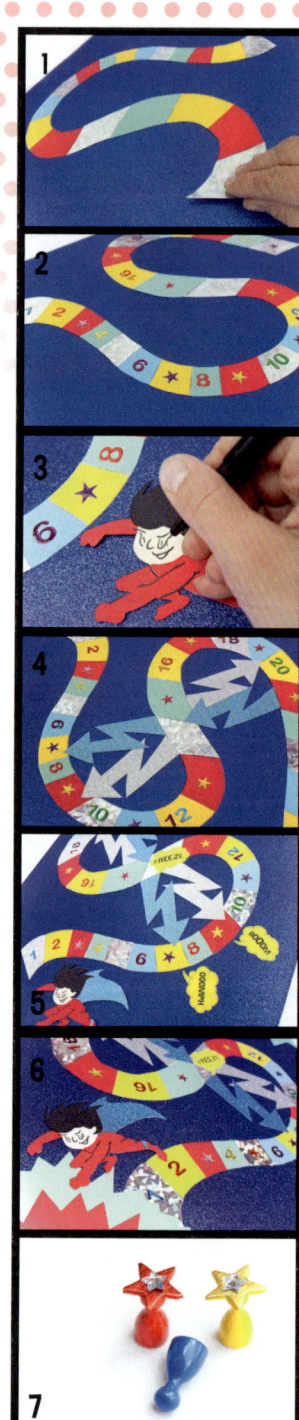

SPIELANLEITUNG

Wer erreicht als Erster das Ziel? Stellt eure Spielfiguren auf den Startpunkt. Der jüngste Mitspieler unter euch beginnt zu würfeln und rückt die Anzahl von Feldern nach vorne, die der gewürfelten Augenzahl entspricht. Landet er auf einem normalen Feld ohne Sprechblase oder Pfeil, bleibt er dort stehen und der Nächste ist an der Reihe.

Felder mit Sprechblasen bedeuten verschiedene Aktionen:

FREEZE

Eine Runde aussetzen. Ist der Spieler in der nächten Runde wieder an der Reihe, muss er ein Rätsel lösen, das sich seine Mitspieler für ihn ausgedacht haben.
Löst er es, fliegt er den Eisblitz hinunter auf Feld 9. Löst er es nicht, landet er auf Feld sieben. Dort löst er die entsprechenden Aufgaben („BOOOM" oder „OOOMPH")

OOOMPH

Superhelden sind zwar stark, aber sie müssen auch kreativ sein und einen scharfen Verstand haben. Lass dir von einem deiner Mitspieler einen Gegenstand, den er sich selbst ausgedacht hat, auf ein Blatt Papier malen. Errätst du, was es ist, darfst du auf Feld 10 vorrücken. Wenn nicht, bleibst du auf Feld sieben sitzen und darfst in der nächsten Runde normal weiterwürfeln.

BOOOM

Du trainierst für den langen Weg zum Ziel dein Koordinationsvermögen. Stell dich 20 Sekunden lang auf dein linkes Bein und bewege die Arme dabei wie ein Vogel seine Flügel — immer auf und ab. Hältst du die Balance und kippst nicht weg, darfst du zur Belohnung auf Feld 13 vorrücken. Wenn nicht, bleibst du auf Feld 9 sitzen und darfst in der nächsten Runde normal weiterwürfeln.

BLITZE

Die Spieler bewegen sich auf den Ereignisfeldern immer in Blitzrichtung. Dorthin, wo der Blitz hinzeigt, wird auf- oder abgestiegen.

Viel Spaß beim Ausprobieren und Vorsicht! Manche Superhelden können die Gravitation beeinflussen und somit auch den Erfolg beim Würfeln!

SHHIKK

Heldenhaftes Allerlei

SUPERHELDEN-ACTION

Ein Kapitel voller superheldenstarker Ideen!
Wie wäre es mit abgefahrenen Farbkrallen, einem Superheldenmobil oder heldenmäßig gepimpten Kopfhörern?
Auch einen Spezial-Kuchen und andere Superhelden-
stärkung findest du hier.

SUPERHELDENMOBIL!

SPEZIALAUTO AUS PAPPE

MATERIAL

- Karton, 3 mm stark, 1 m x 0,40 m
- Karton, 3 mm stark, 80 cm x 62 cm
- Fotokarton in Mintgrün, 95 cm x 62 cm
- Fotokarton in Blau, 35 cm x 36 cm
- Tonpapier in Grau, 50 cm x 70 cm
- Motivkarton „Kids" Mosaik, 50 cm x 70 cm
- Plakatkartonrest in Leuchtzitronengelb
- Plakatkartonrest in Leuchthellgrün
- Motivstanzer Stern ø 3,5 cm
- UHU Alleskleber
- doppelseitiges Klebeband
- transparentes Klebeband
- Stahllineal
- Cutter mit Schneideunterlage
- Schere

Vorlage Seite 91

Schwierigkeitsgrad: 2

ANLEITUNG

1 Wer mit seinem eigenen Superheldenmobil durch die Stadt sausen möchte, kann sich ganz fix eins selbst basteln. Übertrage hierzu die Vorlage für das Mobil auf Karton und schneide es aus. Klebe dann den Fotokarton in Mintgrün mit Alleskleber auf und schneide die Form an den Rändern entlang aus.

2 Übertrage die Räder mithilfe der Vorlage auf das graue Tonpapier und schneide sie aus. Die Applikation auf den Rädern aus Motivkarton ausschneiden und mit Alleskleber aufkleben. Nun die Räder auf das Mobil kleben. Schneide die Feuer-Applikation ebenfalls nach Vorlage aus dem Motivkarton aus und klebe sie auf das Mobil.

3 Stanze mit dem Stern-Stanzer 22 Sterne aus dem Motivkarton aus und klebe diese mit Alleskleber auf das Auto auf. Abschließend die „Peng"-Applikation aus Plakatkarton nach Vorlage ausschneiden und mit Alleskleber auf das Mobil kleben. Beim großen „Peng" besteht die zweite Papierschicht aus Motivkarton.

4 Nun ist dein Superheldenmobil fast startklar. Du musst dir nur noch starken Karton nehmen, diesen zu einer Rolle zusammenrollen und mit Klebeband fixieren. Die Rolle dient als Sitzhocker in deinem Auto. Klebe den Hocker mit doppelseitigem Klebeband an die Rückseite des Superheldenmobils. Los geht's zur Probefahrt!

TIPP

Du kannst das Superheldenmobil auch dreidimensional bauen, indem du noch eine rechte Seite für dein Mobil anfertigst und zwischen den beiden Wänden eine Ebene als Motorhaube einklebst. Benutze dazu starkes Klebeband.

SUPERHELDENPARTY!
GEBURTSTAGSEINLADUNG

Einladungskarte

Schwierigkeitsgrad: 2

MATERIAL

- Foto von dir
- Fotokarton in Maisgelb, A4
- Fotokarton in Mintgrün,
  17,5 cm x 12,3 cm
- Baumwollstoff in Blau mit weißen
  Sternen,
  27 cm x 18,5 cm
- Glitterkarton in Hellblau,
  19,5 cm x 13,4 cm
- Metallkarton in Rot,
  19,7 cm x 11,7 cm
- Tonpapierreste in Gelb, Metallic und Schwarz
- 8 nachtleuchtende Sterne, ca. ø 1,3 cm
- Baumwollkordel, gewachst, ø 0,2 cm,
  10 cm lang

- 2 Paar Eyelets in Blumenform, ø 0,5 cm
- 2 Strasssteine in Weiß ø 0,2 cm
- UHU Alleskleber
- doppelseitiges Klebeband,
  1 cm breit, 50 cm lang
- Motivschere
- Cutter mit Schneideunterlage
- Stahllineal
- Eyelet Setter

Vorlage Seite 93

ANLEITUNG

1 Natürlich vergnügen sich Superhelden in
ihrer Freizeit gerne mit ihren Freunden und
veranstalten deshalb regelmäßig fetzige
Superheldenparties. Damit alle deine Freunde
davon erfahren, bastelst du ihnen schöne
Einladungskarten. Schneide dir dazu nach
Vorlage alle Einzelteile der Karte zurecht die in
Abbildung 1 zu sehen sind.

2 Bringe in den Glitterkarton und den roten Metallkarton nach Herstellerangaben jeweils ein
Eyelet an (Abb. 2). Schneide aus einem Foto
von dir den Kopf aus und schneide dir passend
zu deinem Kopf eine Maske und Kopschmuck
aus Resten vom Metallpapier, die du mit
doppelseitigem Klebeband auf das Foto klebst.

3 Klebe das Foto mit doppelseitigem Klebeband auf die Karte. Die Karteneinzelteile so
zusammenkleben, dass der rote Metallkarton
wie in einer Schiene unter dem hellblauen
Glitterkarton beweglich hin- und herge-

schoben wird. Dazu die Ränder des mintgrünen Glitterpapiers nur ganz knapp von
unten mit doppelseitigem Klebeband
bekleben. Die restlichen Teile können fest
angeklebt werden.

4 Bringe auf den roten Metallkarton aus
Tonpapierresten ein Paar Hochhäuser an und
klebe gelbe Kästchen als beleuchtete Fenster
auf. Klebe eine Sprechblase neben dein Foto.
Superhelden sind ja auch in der Nacht im
Einsatz, verteile deshalb nachtleuchtende
Sterne auf der Karte. Auf der mintgrünen
Fläche kannst du alle wichtigen Infos zu deiner
Superheldenparty anbringen (Ort, Zeit, usw.).

5 Verbinde den Deckel des Glitterkartons und
den roten Metallkarton mithilfe der Baumwoll-
schnur, damit du beim Rausziehen des roten
Metallkartons den hellblauen Glitterkarton
mitziehst und der Blick auf die untere mint-
grüne Schicht frei wird.

TIPP

Wähle für den Kuchen die Farben entsprechend deines Lieblings-
superhelden aus. Du kannst natürlich auch superheldenmäßige
Sterne aus dem Kuchenteig ausstechen.

SUPERHELDENSTÄRKUNG

KUCHEN FÜR SUPERKRÄFTE

Schwierigkeitsgrad 1

MATERIAL

- 6 Schaschlikspieße, 21 cm lang
- runde Plätzchenform, ø 3 cm
- Handrührer
- Nähgarn, 30 cm lang

ZUTATEN

- längliche Kuchenbackform
- 3 Tassen Mehl, Typ 405
- 2 Tassen Zucker
- Prise Salz
- Päckchen Backpulver
- Päckchen Vanillezucker
- 4 Eier (Bio)
- Tasse Orangenlimonade
- Orangenaroma
- Messerspitze Lebensmittelfarbe (Pastenform) in Rot, Gelb und Blau
- 12 Marshmallows
- Sprühsahne
- Schokolinsen und Streusel
- 1 TL Öl
- 1 EL Semmelbrösel

ANLEITUNG

1 Mixe alle Zutaten, bis auf die Lebensmittelfarbe, mit dem Handrührer in einer Rührschüssel zusammen (Abb. 1). Portioniere den Teig in drei gleich große Teile in je eine Rührschüssel und färbe jeden Teil in einer anderen Farbe ein. Dazu rührst du die Lebensmittelfarbepaste einfach unter.

2 Beim Backen hast du einen erwachsenen Superhelden-Helfer: Fettet die Kastenbackform mit etwas Öl und Semmelbröseln und heizt den Backofen auf 160 °C vor. Nutzt die Ober- und Unterhitze und schiebt den ersten Teil der Teigmasse auf die mittlere Schiene des Backofens.

3 Nach etwa 20 Minuten müsste der Teig fertig gebacken sein. Den Kuchen stürzt ihr nun auf eine geeignete Unterlage, z. B. aus Silikon, damit er abkühlen kann. Dann backt ihr die beiden anderen Teile der Teigmasse auf die bereits beschriebene Art und Weise.

4 Wenn alle Kuchen ausgekühlt sind, nimmst du dir einen und führst das Garn vorsichtig der Länge nach durch den Kuchen hindurch – und zwar an der Stelle, wo die Wölbung nach oben beginnt (Abb. 2). Jetzt kannst du die Wölbung abheben und hast nur noch den flachen unteren Teil übrig. Wiederhole das Ganze mit den restlichen Kuchen.

5 Stich aus den geraden Teilen mit der runden Plätzchen-Ausstechform Kreise aus dem Kuchen (Abb. 3), alternativ kannst du auch ein Trinkglas dafür benutzen. Aus den Kuchenresten könntest du z. B. einen Maulwurfkuchen machen. So ein Hügel würde in bunt ganz fetzig aussehen!

6 Nun pikst du mit einem Schaschlikspieß ein Marshmallow, und dann die Teigkreise in abwechselnden Farben auf (Abb. 4). Sechs Kreise sollten auf einen Spieß passen. Zum Schluss pikst du wieder ein Marshmallow auf. Wiederhole das Ganze mit den restlichen Spießen. Fertig ist die kunterbunte Superheldenspeise!

SUPERCANDY
LUTSCHER IM HELDENOUTFIT

Schwierigkeitsgrad: 1

MATERIAL

- Lineal
- Schere

Variante 1
- Lutscher, ø 2 cm
- Seidenpapier, dreilagig, in Hellblau, 13 cm x 13 cm
- Fotokartonrest in Silber
- Metallpapierrest in Rot
- Tonpapierrest in Schwarz
- 4 Glitzersticker Sterne in Blau, ø 1,2 cm

- 2 Strasssteine, oval, in Weiß, 2 mm x 5 mm
- 4 Halbperlen in Violett, ø 3 mm
- Washi Tape in Gold Metallic, 1 cm breit, 10 cm lang
- UHU Alleskleber
- doppelseitiges Klebeband

Variante 2
- Lutscher, ø 2 cm
- Seidenpapier, dreilagig, in Dunkelblau, 13 cm x 13 cm

- Fotokartonrest in Silber
- Metallpapier in Rot
- Tonpapierrest in Schwarz
- 4 Glitzersticker Sterne in Rot, ø 1,2 cm
- 4 Strasssteine in Rot, ø 5 mm
- Washi Tape in Gold Metallic, 1 cm breit, 10 cm lang
- UHU Alleskleber
- doppelseitiges Klebeband

Vorlage Seite 93

ANLEITUNG

1 Auch Superhelden mögen Süßes für zwischendurch und teilen dieses auch gerne mit ihren Freunden auf Superheldenparties! Schnapp dir einen Lutscher und schneide ein Quadrat (13 cm x 13 cm) aus Seidenpapier aus.

2 Schlage den Lutscherkopf mit dem Seidenpapier ein (Abb. 1) und raffe es unter dem Lutscherkopf mit Washi Tape in Gold zusammen (Abb. 2). Schneide mithilfe der Vorlage aus rotem Metallpapier zwei Masken aus. Schneide auch zwei kleine Augen aus schwarzem Tonpapier aus und klebe sie mit UHU Alleskleber auf die rote Maske.

3 Befestige doppelseitiges Klebeband auf der Rückseite der Maske und klebe sie um den Lutscher herum (Abb. 3). Das Cape aus silbernem Fotokarton nach Vorlage ausschneiden und mit Glitzersternen und Strasssteinen bekleben (Abb. 4).

4 Zum Schluss klebst du einen Glitzerstern auf das goldene Washi Tape. Die Varianten unterscheiden sich nur in der Farbigkeit und der Verzierung des Capes (Abb. 5). Lass bei der Gestaltung der Lutscher deiner Fantasie freien Lauf und fertige so für jeden Partygast jeweils einen individuellen Lutscher an.

TIPP

Schreibe auf das Cape den Namen des jeweiligen Partygasts, so kannst du die Lutscher auch als Platzkärtchen verwenden. Genial, oder? Wer keine Lutscher mag, kann auch Schokobonbons zu Superhelden verkleiden und sie auf Zahnstocher aufspießen.

TIPP

Diese Süßigkeiten haben es in sich – nicht nur, dass sie giftig grün sind. Nein, es handelt sich um Kryptonit und das leuchtet im UV-Licht ganz mysteriös. Ihr wisst ja, Superhelden vertragen kein Kryptonit und beim Verzehr geschehen eigenartige Dinge. Wer ist mutig genug, davon zu kosten?

KRYPTONIT BONBONS
LEUCHTENDE ZUCKERSPEISE

MATERIAL

Kryptonit

- 3 Vitamintabletten, Vitamin B2
- Lebensmittelfarbpulver in Grün
- 2 Tassen Zucker
- ¾ Tasse Wasser
- Auflaufform
- Backpapier
- Topf
- Löffel
- Mörser
- Besteckmesser
- Schwarzlichtlampe

Schwierigkeitsgrad 2

ANLEITUNG

1 Zerkleinere mithilfe eines Mörsers die Vitamintabletten (Abb. 1). Das Vitamin B2 ist auch als Riboflavin bekannt und in vielen Lebensmitteln, wie z. B. Milch ganz natürlich enthalten. Bereite eine feuerfeste Form und etwas Backpapier darin vor, um die Bonbonmasse später reinzuschütten.

2 Bei der weiteren Zubereitung hilft dir ein erwachsener Superhelden-Assistent, da Zucker beim Erhitzen sehr heiß werden kann und eine nicht zu unterschätzende Gefahr für Verbrennungen darstellt. Gebt alle Zutaten in einen Topf und erhitzt sie auf dem Herd bei mittlerer Temperatur. Dabei müsst ihr permanent rühren, denn Zucker verbrennt sehr schnell (Abb. 4).

3 Irgendwann kocht dein Gemisch und fängt an, stark zu blubbern. Dabei wird es immer zähflüssiger. Und dann muss es ganz schnell gehen: Schüttet gemeinsam das Gemisch in die vorbereitete Schüssel. Steigt Rauch auf, dann verbrennt der Zucker und es ist bereits zu spät!

4 Während des Auskühlens, kannst du mit einem Messer Furchen in die Masse ziehen und dadurch „Sollbruchstellen" einarbeiten. Wenn die Masse vollständig hart geworden ist, kannst du sie auseinanderbrechen, sodass du einzelne Stücke hast. Deine Freunde werden Augen machen, wenn du ihnen „echtes" Kryptonit präsentierst!

TIPP

Mit Aroma-Öl, z. B. Orange oder Pfefferminze, das du während des Kochens hinzu gibst, kannst du den Bonbons deinen Lieblingsgeschmack verleihen. Bewahre diese Süßigkeiten nicht im Tageslicht auf, denn das Vitamin B2 zerfällt dadurch, und die Bonbons verlieren ihre spektakuläre Leuchtkraft. Wegen des Vitaminzerfalls ist Milch meist in braunen Flaschen oder in lichtundurchlässigen Kartonpackungen erhältlich.

FILM AB!
HOCHHAUSKULISSE

MATERIAL

- Pappkarton, 64 cm x 57 cm x 27 cm
- Pappkarton, 37 cm x 26 cm x 19 cm
- Pappkarton, 21 cm x 21 cm x 15 cm
- 2 Pappkartons, 60 cm x 29 cm x 29 cm
- 2 Pappkartons, 54 cm x 13 cm x 13 cm
- 3 Flaschen Sprühlack in Schwarz
- Tonkarton in Neongelb, 100 cm x 50 cm
- UHU Alleskleber
- Cutter mit Schneideunterlage
- Sprühunterlage

ANLEITUNG

1 Bau dir die Großstadtkulisse für deinen eigenen Superheldenfilm, in dem du die Hauptrolle spielst! Dazu brauchst du nur ein wenig Farbe und alte Pappkartons, die du im Altpapier finden kannst. Nimm dir eine große Sprühunterlage und breite alle Kartons darauf aus. Besprühe die Pappkartons nacheinander mit schwarzem Sprühlack und lasse sie gut durchtrocknen (Abb. 1).

2 In der Zwischenzeit schneidest du zusammen mit einem erwachsenen Superhelden-Assistenten mithilfe des Cutters sechzehn

gleich große Streifen (48 cm x 4 cm) aus dem gelben Tonkarton aus und klebst sie in Reihen mit UHU Alleskleber auf die Pappkartons auf. Lass zwischen den Streifen immer gleich viel Abstand, so sehen sie aus wie die Fensterfronten von Hochhäusern (Abb. 2). Schneide nun dreißig gleich große Rechtecke (4 cm x 6 cm) zu und beklebe damit die restlichen Pappkartons.

3 Verteile die Kisten vor dir, wie es dir gefällt. Wenn du dich hinter sie stellst, sieht es so aus, als ob du wie ein Riese in einer echten Großstadt stehst. Superheldenhaft stark!

TIPP

Such dir deine Filmrolle aus: Bist du der zerstörerische Riesenbösewicht, der keine guten Absichten mit der Stadt und ihren Einwohnern hat oder bist du der heldenhafte Retter, der die Stadt vor herannahendem Übel bewahrt?

HELDENTRÄUME
KISSEN MIT GROßSTADTMOTIV

MATERIAL

- Kissen, 40 cm x 80 cm
- schwerer Baumwollstoff in Hellblau, 81 cm x 82 cm
- Baumwollstoff in Grün mit Tupfen, A4
- Baumwollstoff in Gelb mit Streifen, A4
- Baumwollstoff in Rot mit Sternen, A4
- Baumwollstoff in Grün mit Tupfen, A4
- Baumwollstoff in Blau mit Tupfen, Rest
- Baumwollstoff in Hellblau mit rotem Muster, Rest
- Baumwollstoff in Rot mit hellblauem Muster, Rest
- Baumwollstoff in Türkis, A4
- Baumwollstoff in Lila, A4
- Baumwollstoff in Rot, Rest
- Vlieseline® Soluvlies, 0,6 m x 1 m

- Nähmaschine
- Nähmaschinengarn in Weiß
- Nähmaschinengarn in Gelb
- Nähmaschinengarn in Rot
- Nähnadel und Nähgarn
- Bügeleisen mit Unterlage
- Stecknadeln
- Stoffschere
- kleine Schere
- Stift

Schnittmuster Seite 92

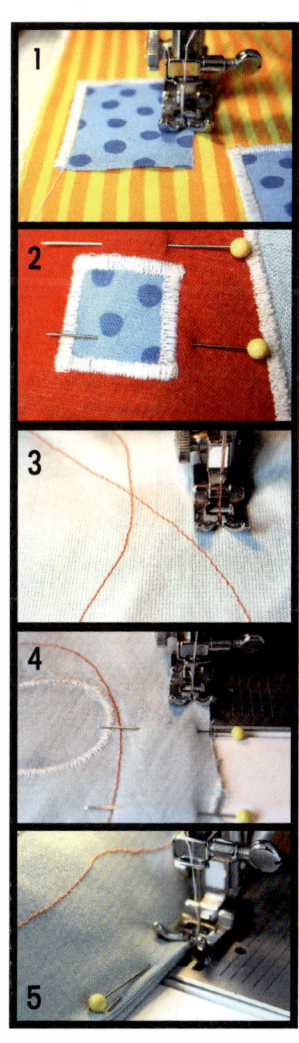

ANLEITUNG

1 Bei diesem Projekt muss ein erwachsener Super-helden-Assistent viel mithelfen. Wascht zuerst alle Stoffe nach den jeweiligen Pflegehinweisen. Nach dem Trocknen werden zuerst alle Formen mithilfe der Schnittmuster auf Seite 92 auf den jeweiligen Stoff übertragen. Alle Schnittmuster enthalten eine Nahtzugabe von 0,5 cm.

2 Steckt alle Teile, Dächer, Fenster, usw. so wie sie zusammengehören, auf einem Stück Soluvlies mit den Stecknadeln fest. Nun näht ihr mit Zickzackstich entlang der Ränder. Die Nadel sollte dabei auf den Stoff und auf den Rand auftreffen — entsprechend sollte auch die Breite des Zickzackstichs gewählt werden (hier Stufe 3). Das erreicht ihr, indem ihr den Transportfuß ausstellt und den Stoff selbst unter der Nadel durchführt, sodass die Stiche, wie beim Sticken, sehr eng sitzen (Abb. 1 und 2).

3 Damit umrandet ihr alle Kanten der Stoffteile. Nun schneidet ihr die einzelnen Stoffteile aus dem Soluvlies aus, und zwar so, dass die Kanten des Soluvlies kaum noch zu sehen sind. Auf diese Weise habt ihr euch Applikationen selbst hergestellt.

4 Den großen blauen Stoff teilt ihr mittig mit der Stoffschere und fixiert die Teile mit Stecknadeln darauf, wo ihr sie gerne haben möchtet. Mit Zick-

zackstich näht ihr nun abermals entlang der Kanten alles auf. Der Transportfuß kann dabei auf Stufe 1 gestellt werden.

5 Wenn alle Teile angenäht sind, könnt ihr mit rotem Garn und geradem Stich Schlängellinien um die Häuser drumherum aufnähen. Die Enden der Fäden müssen immer fixiert und versäubert werden (Abb. 3).

6 Nun legt ihr die abgetrennte zweite Hälfte des blauen Stoffs deckungsgleich auf die Hälfte mit der gestalteten Stadt. Die Stoffe liegen dabei rechts auf rechts. Fixiert alles mit Stecknadeln und steppt mit einem geraden Nähstich entlang der Kante. Lasst dabei eine Öffnung von etwa 25 cm Länge (Abb. 4).

7 Schneidet die Ecken des Bezugs ab und wendet ihn von innen nach außen. Wascht ihn anschließend, das Soluvlies löst sich bei Wasserkontakt wie von Zauberhand auf. Nach dem Trocknen stopft ihr das Füllkissen hinein. Klappt nun an der Öffnung die Nahtzugaben nach innen und legt die Kanten aufeinander. Fixiert sie mit Stecknadeln und näht knapp entlang der Kante, um das Kissen zu schließen (Abb 5). Versäubert alle Fäden. Schöne superheldenhafte Träume!

TIPP

Superhelden sind die Retter der Städte und was gibt es Schöneres, als abends auf einem Kissen seiner Stadt einzuschlafen und friedlich davon zu träumen, welche Superheldentaten man vollbracht hat?

GUTE NACHT, SUPERHELD!
SCHLAFCAPE GENÄHT

MATERIAL

- Schlafanzug in deiner Größe, hier Gr. 116
- Satinstoff in Dunkelblau, 1 m x 1 m
- Stoff mit Sternen bedruckt in Rot, 1 m x 1 m
- Metallic Jersey in Silber, A4
- Flechtschnur in Petrol, 50 cm lang
- 2 Klettbänder Flausch in Weiß, 2 cm breit, 5 cm lang
- 2 Klettbänder Haken in Weiß, 2 cm breit, 5 cm lang oder selbstklebendes Klettband

- Nähmaschine
- Nähgarn und Nähnadel
- Stoffschere
- evtl. Textilkleber
- Bügeleisen mit Unterlage

Schnittmuster Seite 91

POP!

ANLEITUNG SCHLAFCAPE

1 Schneide dir den Oberstoff und den Futterstoff mithilfe des Schnittmusters zurecht, eine Nahtzugabe von 0,5 cm ist im Schnittmuster enthalten. Vielleicht muss das Schnittmuster auf deine Körpergröße angepasst werden – der Stoff sollte 2/3 deiner Körperlänge abdecken.

2 Lege die beiden Stoffe rechts auf rechts aufeinander und fixiere sie mit Stecknadeln. Nähe entlang der Außenkante mit einem geraden Stich (Abb. 1). Dabei lässt du an einer Stelle 10 cm offen, damit du dein Cape gleich noch wenden kannst.

3 Schneide die Nahtzugabe an den Ecken und Kurven im Abstand von 0,5 cm senkrecht ein (Abb. 2). Wende jetzt dein Cape, indem du es durch die Öffnung auf die richtige Seite umkrempelst. Die Öffnung schlägst du nach innen, fixierst sie mit Stecknadeln und nähst sie mit einem geraden Stich zu. Nun bügelst du dein Cape, damit die Außenkanten schön glatt liegen. Nähe im Abstand von 0,5 cm vom Rand noch einmal entlang der gesamten Außenkante.

4 Falte die Oberkante des Capes 2 cm nach innen um. Stecke alles mit ein paar Stecknadeln fest. Etwa 1,5 cm von der Bruchkante entfernt, nähst du eine gerade Naht. Jetzt ist eine Art Tunnelzug entstanden. Miss den Umfang des Halsausschnitts deines Schlafanzugoberteils und schneide die Flechtschnur auf die gleiche Länge zu.

5 Mithilfe der Sicherheitsnadel ziehst du die Flechtschnur durch den Tunnelzug, dabei rafft er sich. Die Enden der Flechtschnur sollten etwa 1 cm auf jeder Seite rausgucken. Mit der Nähmaschine nähst du nun mehrmals senkrecht an den Außenkanten des Tunnelzugs über die Flechtschnur, um sie zu fixieren. Die Flechtschnurenden schneidest du nun kurz bis an den Rand des Capes.

6 Mithilfe der Vorlage überträgst du das Superheldenemblem auf den Metallic-Jersey-Stoff und schneidest es aus. Klebe das Emblem mit Textilkleber auf dein Cape oder nähe es fest, indem du entlang der Kante mit einem geraden Stich alles feststeppst, dann ist dein Cape auch gut waschbar.

7 Nun nähst du die Klettbandhakenstücke innen an den Außenkanten unterhalb der Flechtschnur am Cape fest (Abb. 5) – dazu einmal am Rand der Klettbandstücke mit einer geraden Naht entlang nähen. Das Gleiche machst du mit dem Klettbandflausch – diesen nähst du vorn mittig auf dein Schlafanzug-Oberteil (Abb. 6). Dein Cape ist fertig und du kannst es um die Schultern legen und vorn am Schlafanzug mit den Klettverschlüssen fixieren. Träum schön, kleiner Superheld!

TIPP

Dieses Cape ist so breit gearbeitet, dass es im Sommer auch als Decke zum Einkuscheln reicht. Aus den Stoffresten könntest du auch für dein Stofftier ein Cape anfertigen.

73

SUPERHELDENABZEICHEN
BUTTONS UND SCHMUCK SELBSTGEMACHT

MATERIAL

- Blatt Papier
- Broschennadel, 25–30 mm lang
- Broschennadel, selbstklebend, 30 mm lang
- Haarspangenrohling, 30 mm
- BSN Folie, Rest
- UHU Hart Spezialkleber
- UHU Glitzerkleber
- Schere
- Drucker
- ggf. Laminiergerät
- Bügeleisen mit Unterlage

Vorlage Seite 93

ANLEITUNG

1 Übertrage deine Lieblingsmotive von der Vorlage auf das Papier und male sie aus (Abb. 1). Vielleicht kannst du sie auch einscannen und am PC bunt ausmalen, anschließend kannst du sie ausdrucken.

2 Jetzt laminierst du das Papier. Wenn du selbst kein Laminiergerät zu Hause hast, kannst du deine Buttons in einem Copy-Shop laminieren lassen. Die laminierten Motive schneidest du nun vorsichtig entlang der Kante aus (Abb. 2).

3 Klebe auf die Rückseite deines Motivs mit UHU Hartkleber einen Haarspangenrohling oder einen Broschenrohling (Abb. 3). Es gibt auch selbstklebende Broschenrohlinge zu kaufen. Jetzt kannst du deine Klamotten und Taschen damit verzieren oder dein Haar damit verschönern!

TIPP

Du kannst auch eigene Buttons kreieren, auf Papier aufmalen und mit Glitzerkleber verzieren. Dann bügelst du BSN Folie (entsprechend der Herstellerangaben) hinten auf und fixierst einen Haarspangenrohling oder eine Broschennadel auf der Rückseite.

SUPERSHIRT!
KLEIDUNG GESTALTEN

Schwierigkeitsgrad: 2

MATERIAL

- Bügeleisen
- Schere

T-Shirt
- Unterhemd Jungen Gr. 116
- Metallic Liner in Weiß
- BSN Folie, 6 cm x 30,5 cm
- Metallic Jersey, beschichtet, in Blau, 6 cm x 30,5 cm
- Glitter-Bügelfolie, 31 cm x 11 cm

Stern zum Ankleben
- Fotokartonreste in Hellblau und Dunkelblau
- Hologrammkartonreste
- selbstklebendes Klettband, 1 cm breit, 10 cm lang
- UHU Alleskleber

Vorlage Seite 92

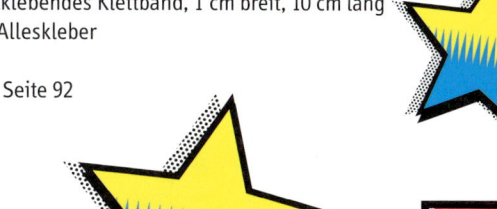

ANLEITUNG

1 Lege das Shirt, das du gerne im Superhelden-Stil gestalten möchtest, vor dich hin. Schneide die Buchstaben nach der Vorlage aus Bügelfolie aus, und positioniere sie auf deinem T-Shirt. Der erwachsene Superhelden-Assistent kann dir das Wort „Superheld" nun nach Herstellerangaben auf das Shirt bügeln (Abb. 1).

2 Schneide dir aus Metallic Jersey in Blau ein 6 cm x 30,5 cm großes Rechteck aus und bügel gemeinsam mit deinem Superheldenassistenten auf die Rückseite BSN Folie nach den Herstellerangaben auf. Nun auch das Rechteck auf das Shirt aufbügeln (Abb. 2).

3 Einen Stern aus Bügelfolie nach der Vorlage ausschneiden und vom erwachsenen Assistenten auf das blaue Rechteck aufbügeln lassen. Abschließend kannst du die Sternform mit einem Metallic Liner im Innern des Sterns ein wenig vom Rand entfernt nachziehen (Abb. 3). Gut trocknen lassen und dein Shirt ist fertig!

Variante

Um jedes beliebige T-Shirt fix zu verzieren, schneidest du nach Vorlage die Sterne aus Fotokarton und Hologrammkarton aus und klebst sie übereinander. Nun noch selbstklebenden Klettverschluss an T-Shirt und Stern befestigen und ankletten (Abb. 4).

TIPP

Natürlich kannst du die Applikation auch mit einem Textilmarker auf das Shirt aufbringen. Individualisiere dein Shirt noch ein wenig und schreibe anstelle von Superheld deinen Namen in Kombination mit „Super" hin (z. B. „Super Stella").

SUPERCAT!
FARBKRALLEN AUS KREIDE

Schwierigkeitsgrad: 1

MATERIAL

- 10 Stücke Kreide in verschiedenen Farben
- 10 Spitzer, ø 2,5 cm, 5 cm lang
- 5 Wackelaugen, selbstklebend, ø 1 cm
- Washi Tape in Rot-Weiß gestreift, 1,5 cm x 100 cm
- Washi Tape in Blau-Weiß gestreift, 1,5 cm x 100 cm
- Washi Tape in Karo, 1,5 cm x 200 cm
- Washi Tape mit Retro Streifen, 1,5 cm x 100 cm
- 7 Pfeifenputzer in Silber ø 0,8 cm, 50 cm lang
- UHU Zwei-Komponenten-Kleber plus sofortfest
- Feinsäge
- Pinsel
- Schere

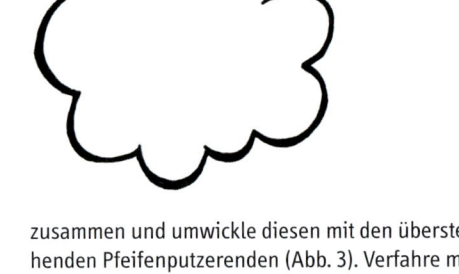

ANLEITUNG

1 Der Alltag ist trist und grau? Kein Problem! Benutze deine Superheldenkräfte und male deine Straße bunt. Zusammen mit deinem Superheldenassistenten sägst du den vorderen Teil von zehn Spitzern mithilfe einer Feinsäge ab (Abb. 1). Anstelle von Spitzern kannst du auch andere Gegenstände in Röhrenform benutzen, die einen Durchmesser von 2,5 cm haben.

2 Klebe jeweils zwei Spitzer mit Washi Tape an den Enden zusammen (Abb. 2). Verwende fünf verschiedene Washi Tapes, damit deine Farbkrallen auch schön bunt aussehen.

3 Wenn du die fünf Spitzerpaare mit Washi Tape beklebt hast, nimmst du dir fünf Pfeifenputzer in Silber. Drehe einen Pfeifenputzer zu einem Ring zusammen und umwickle diesen mit den überstehenden Pfeifenputzerenden (Abb. 3). Verfahre mit den anderen vier Pfeifenputzern ebenso.

4 Klebe jeweils einen Pfeifenputzerring mithilfe von UHU Zwei-Komponenten-Kleber an eine Farbkralle (Abb. 4) und lass alles gut trocknen. Binde danach an jeden Pfeifenputzerring noch ein Stück Pfeifenputzer, das du dir aus den restlichen zwei zurechtgeschnitten hast. Als besonderes Highlight klebst du an jede Kralle ein Wackelauge (Abb. 6).

5 Zum Schluss steckst du auf jede Kralle ein Stück Kreide auf, wobei du alle Farben deiner Wahl verwenden kannst. Je bunter desto besser! Steck dir die Krallen auf die Finger und zieh los, um das Stadtbild zu verschönern!

TIPP

Natürlich kannst du auch Pinsel oder Stifte in den Krallenhaltern befestigen. Denke aber daran, wasserlösliche Farben zu benutzen, wenn du damit im öffentlichen Raum malst.

SUPERSAUGER!
HANDSCHUHE MIT SAUGNÄPFEN

Schwierigkeitsgrad 1

MATERIAL

- 10 Saugnäpfe mit Loch, ø 30 mm
- Fahrradhandschuhe in deiner Größe
- 20 Holzperlen in Türkis, ø 1 cm
- 20 Holzperlen in Rot, ø 1 cm
- Nähnadel und Nähgarn
- UHU Hart Spezialkleber
- UHU Glitzerkleber

ANLEITUNG

1 Welcher Superheld träumt nicht von Spezialaus-rüstung oder Superkräften, mit denen Dinge wie von selbst an den Händen haften? Trage hierzu entlang der Nähte auf der Innenfläche deiner Fahrradhandschuhe Glitzerkleber auf. Dabei kannst du auch eigene Muster kreieren (Abb. 1).

2 Lass den Kleber nun gut durchtrocknen. Anschlie-ßend nimmst du dir Nähnadel und Garn und nähst an der Handinnenfläche jeweils fünf Saugnäpfe fest. Hierbei musst du sehr gründlich arbeiten, damit die Noppen auch halten (Abb. 2).

3 Dann trägst du auf der Oberseite der Handschuhe je 20 Klebstoffpunkte auf und klebst immer ab-wechselnd rote Holzperlen und türkisfarbene Holzperlen auf jede Handschuhaußenseite (Abb. 3). Lass alles gut durchtrocknen. Nun kannst du zur Tat schreiten und deine Handschuhe ausprobieren. Kannst du damit Gegenstände ansaugen oder dich an glatte Wänden haften?

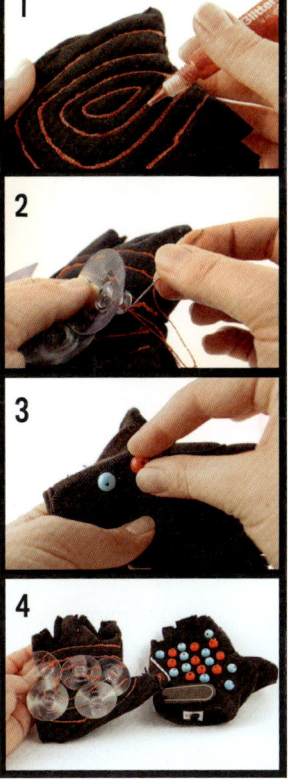

TIPP

Die Handschuhe halten natürlich nicht euer Körpergewicht, aber ihr könnt euch damit an Scheiben annoppen oder an den Kampfgeräten von euren Widersachern festsaugen und so eure Gegner verblüffen. Ebenso könnt ihr die Handschuhe noch mehr verzieren oder eure Superheldenembleme aufkleben.

SUPERROLLER!
AUFGEPIMPTE FERSENROLLER

MATERIAL

- 1 Paar Fersenroller
- Acrylfarbe in Maisgelb
- Moosgummi in Weiß, A5
- Moosgummi in Türkis, A4
- UHU Creativ
- UHU Hart Spezialkleber
- Permanentmarker in Dunkelblau
- Pinsel
- Schere

Vorlage Seite 91

ANLEITUNG

1 Bemale die Querstege aus Plastik bei den Fersenrollern, welche die Rollen halten, in Maisgelb (Abb. 1). Am besten trägst du zwei Schichten Farbe auf. Lass alles gut trocknen.

2 Übertrage die Vorlagen auf das Moosgummi und schneide die Sterne je viermal aus. Klebe sie nun mit UHU Creativ übereinander. Gut trocknen lassen. Anschließend malst du mit einem wasserfesten Stift den „Zissch"- Schriftzug auf die oberen Sterne auf (Abb. 4).

3 Wenn alles gut getrocknet ist, klebst du die Sterne mit dem Hartkleber mittig auf die Schrauben, welche die Radachsen fixieren (Abb. 5). Nach dem Trocknen sind die Fersenroller einsatzbereit. Schnalle sie an die Turnschuhe und sause deinen Widersachern einfach davon.

TIPP

Benutze immer auch Knie- und Armschoner sowie einen Kopfschutz. Auch diese Ausrüstung kannst du mit Superheldenemblemen verzieren. Die Nutzung der Fersenroller bedarf einiger Übung und mit entsprechenden Schonern können eventuelle Verletzungen vermieden werden. Benutze die Roller aber niemals im Straßenverkehr!

SUPERSOUND!
KOPFHÖRER MIT EMBLEM

Schwierigkeitsgrad: 1

MATERIAL

- Kopfhörer
- Wellpappereste in Blau und Rot
- Fotokartonreste in Gelb
- UHU Glitzerkleber in Silber, Rot und Gold
- doppelseitiges Klebeband
- Stift
- Schere

Vorlage Seite 90

ANLEITUNG

1 Superhelden lieben in ihrer Freizeit gute Musik, dazu gehören natürlich auch die passenden Kopfhörerembleme. Übertrage die Vorlage mit dem „S" für „Superheld" auf den Fotokarton in Gelb und schneide die Form aus.

2 Übertrage die anderen beiden Elemente der Vorlage auf die Wellpappe in Blau und Rot und schneide sie aus (Abb. 1). Nun den Rand des gelben Fotokartons mit Glitzerkleber in Rot nachziehen und gut trocknen lassen (Abb. 2). Auf den Rand der blauen Wellpappe kommt der silberne und auf den Rand der roten Wellpappe der goldene Glitzerkleber (Abb. 3).

3 Lass alles gut trocknen. Trage eventuell noch eine zweite Schicht Kleber auf und lass alles wieder gut trocknen. Nun versiehst du die Rückseiten des gelben Fotokartons und der blauen Wellpappe mit doppelseitigem Klebeband und klebst die Einzelteile aufeinander. Für das zweite Emblem ebenso verfahren.

4 Nun klebst du jeweils ein Superhelden-Kopfhöreremblem mithilfe des doppelseitigen Klebebands an jeweils einen Kopfhörer (Abb. 4). Jetzt noch fetzigen Sound anmachen und ab geht die Reise durch die Straßen der Stadt.

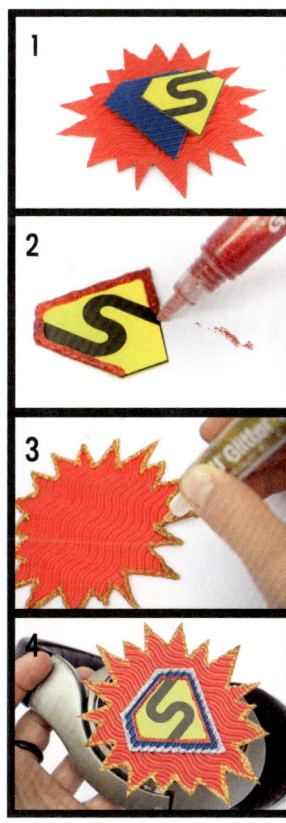

TIPP

Wenn du die Embleme lieber als Anstecker verwenden möchtest, kannst du auf der Rückseite eine Broschennadel anbringen. Das hält am besten, wenn du das Emblem auf Iron-On-Folie aufbügelst und die Nadel mit Zwei-Komponenten-Kleber an der Folie befestigst.

SUPERCHIC!
HÄKELSTULPEN MIT HELDENSYMBOLEN

MATERIAL

- Häkelnadel Nr. 3
- kleine Schere
- Stopfnadel
- Nähnadel und Nähgarn oder Textilkleber

Variante in Rosa
- Farbe 1: Schachenmayr original Catania in Fresie (Fb 00251), 100 g
- Farbe 2: Schachenmayr original Catania in Jade (Fb 00253), 50 g
- Farbe 3: Schachenmayr original Catania in Weiß (Fb 00106), 50 g

Variante in Blau
- Farbe 1: Schachenmayr original Catania in Marine (Fb 00124), 100 g
- Farbe 2: Schachenmayr original Catania in Signalrot (Fb 00115), 50 g
- Farbe 3: Schachenmayr original Catania in Weiß (Fb 00106), 50 g

Variante in Silber
- Farbe 1: Schachenmayr original Catania in Silber (Fb 00172), 100 g

- Farbe 2: Schachenmayr original Catania in Marine (Fb 00124), 50 g
- Farbe 3: Schachenmayr original Catania in Signalrot (Fb 00115), 50 g

ANLEITUNG

In Klammern stehen die Zahlen für größere Stulpen. Die kleinen passen Kindern bis etwa 4–5 Jahren.

1 Mache die Anfangsschlinge in der ausgewählten Farbe 2 und schlage zehn Luftmaschen und eine Wendeluftmasche an (Abb. 1).

2 Häkle in jeden Maschenbogen der letzten Reihe eine feste Masche. Am Ende machst du eine Wendeluftmasche und wendest deine Arbeit.

3 Häkle immer nur in die hintere Schlinge der Maschenbögen eine feste Masche, so entstehen Reliefmaschen. Am Ende knotest du Farbe 3 an, häkelst eine Wendeluftmasche und wendest deine Arbeit.

4 In dieser Farbe häkelst du eine Reihe mit festen Maschen, dann eine Reihe mit Reliefmaschen, wie in Schritt 2 und 3 beschrieben (Abb. 2). Knote erneut

Farbe 2 an. Diese Schritte wiederholst du so oft, bis du von jeder Farbe 6 (9) Streifen hast (Abb. 4).

5 Lege deine erste und deine letzte Reihe aneinander, sodass die Reliefseite außen ist, und verhäkle sie. Dazu häkelst du feste Maschen durch die hintere Schlinge der Maschenbögen der letzten Reihe und durch die Maschenbögen deiner Anfangsreihe.

6 Schneide den Faden 15 cm von der Häkelnadel entfernt ab und ziehe die Schlinge lang, bis das Fadenende durchrutscht. Die Fadenenden vernähst du. Nun hast du eine Art Bündchen. Knote an einer Stelle des Bündchens Farbe 1 an.

7 Häkle immer abwechselnd eine feste Masche in die Bögen des Bündchens und dann eine Luftmasche; die Löcher des Bündchens, die zu den flachen Reihen gehören, überspringst du. Das machst du eine Runde lang (Abb. 5).

8 Ab jetzt häkelst du immer eine feste Masche und eine Luftmasche, wobei du die festen Maschen jeweils in die Luftmaschenbögen der Vorrunde häkelst. Das ganze machst du ca. 6 (8) Runden lang.

9 Nun beginnt die Aussparung für den Daumen. Häkle weitere Runden wie beschrieben. Die letzten drei Maschenbögen der Vorrunde lässt du allerdings aus und häkelst die Reihe zurück (statt reihum).

10 Wiederhole Schritt 10 noch 7 (9)-mal. Wenn du am Ende der letzten Runde angelangt bist, machst du drei Luftmaschen und häkelst sie mit einer Kettmasche an die Masche, mit der deine Runde begonnen hat. Jetzt ist das Daumenloch geschlossen.

11 Häkle nun noch weitere 3 (5) Runden wie in Schritt 9 beschrieben. Dann schneidest du den Faden ab und vernähst ihn. Wenn du die blauen Stulpen ausgewählt hast, dann knotest du hier den Faden in Weiß (Farbe 3) an und häkelst noch zwei weitere Runden in der beschriebenen Art und Weise (Abb. 7).

12 Schneide den Faden 15 cm von der Häkelnadel entfernt ab und ziehe die Schlinge lang, bis das Fadenende durchrutscht. Die Fadenenden vernähst du.

Ketten und Buchstaben

1 Für das „S" häkelst du eine Luftmaschenkette aus 30 (35) Luftmaschen und für die Kette am Handgelenk der Stulpe 27 Luftmaschen. Anschließend machst du eine Wendeluftmasche und häkelst die Reihe mit festen Maschen zurück.

2 Den Faden schneidest du 15 cm von der Häkelnadel entfernt ab und ziehst die Schlinge lang bis das Fadenende durchrutscht. Vernähe das Fadenende und den Fadenanfang.

3 Die (Buchstaben-) Ketten kannst du entweder mit Textilkleber auf die Stulpe aufkleben (Abb. 8) oder mit Nadel und Garn aufnähen.

Stern

1 Beginne mit einer regulierbaren Schlinge in Weiß.

2 Häkle zwölf feste Maschen in die Schlinge (Abb. 1) und verbinde die letzte und die erste Masche mit einer Kettmasche. Ziehe am Anfangsfaden, damit sich deine Schlinge zusammenzieht.

3 Häkle vier Luftmaschen (Abb. 2). Anschließend häkelst du in die dritte Luftmasche eine feste Masche, in die zweite ein halbes Stäbchen und in die erste ein Stäbchen (Abb. 3).

4 Die Schlinge, die nun auf deiner Häkelnadel liegt, verbindest du mit dem übernächsten Maschenbogen deiner ersten Maschenrunde, indem du eine Kettmasche häkelst (Abb. 4).

5 Wiederhole Schritt 3 und 4 noch viermal. Fertig ist dein Stern.

6 Schneide den Faden 10 cm von der Häkelnadel entfernt ab und ziehe das Fadenende durch die Schlinge. Vernähe die Fadenenden.

TIPP

Du kannst die schicken Superheldenaccessoires, wie Sterne und Buchstaben, auch auf anderen Klamotten, Plüschtieren oder Taschen aufbringen. So kann jeder gleich erkennen, dass hier ein Superheld am Werk war.

VORLAGEN

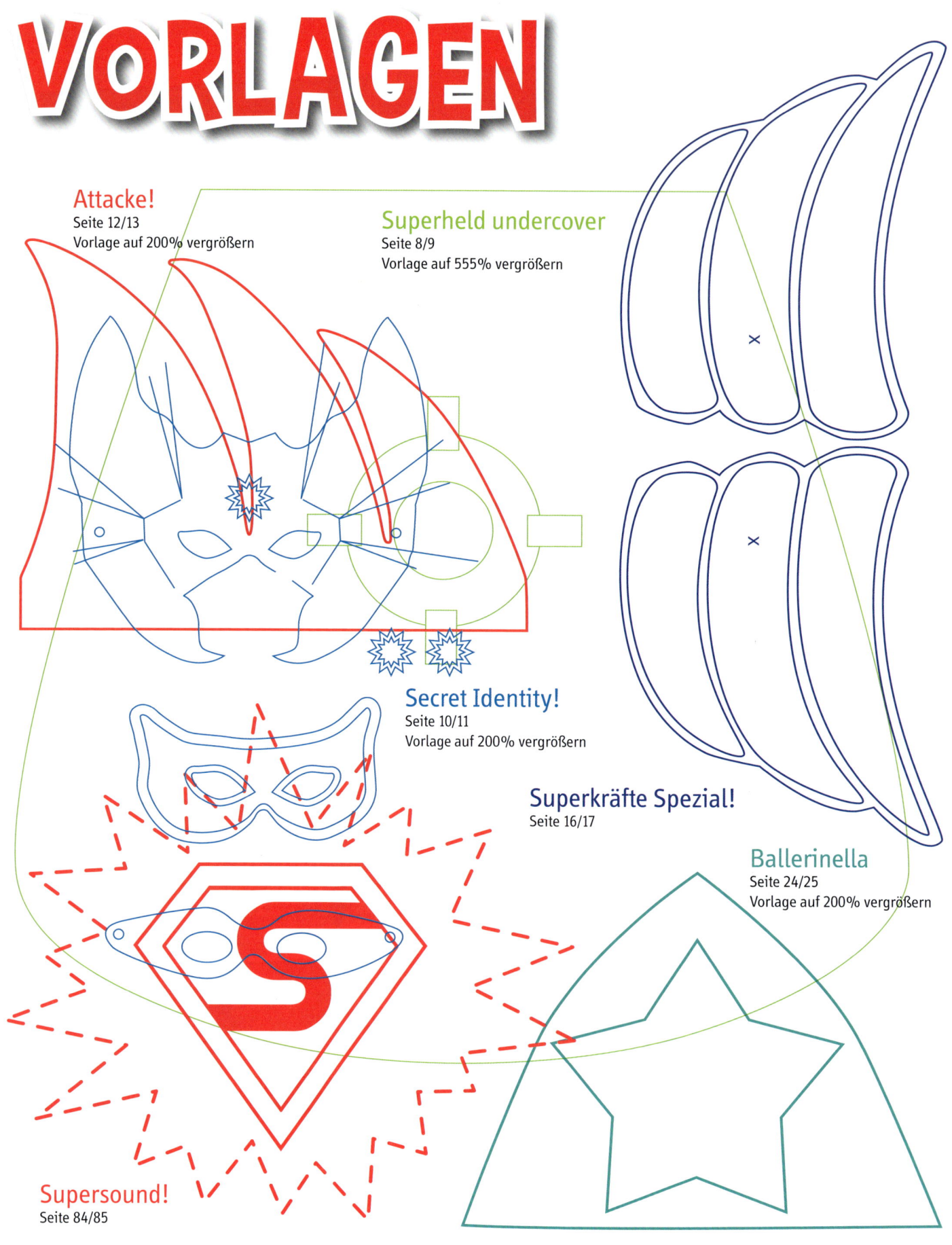

Attacke!
Seite 12/13
Vorlage auf 200% vergrößern

Superheld undercover
Seite 8/9
Vorlage auf 555% vergrößern

Secret Identity!
Seite 10/11
Vorlage auf 200% vergrößern

Superkräfte Spezial!
Seite 16/17

Ballerinella
Seite 24/25
Vorlage auf 200% vergrößern

Supersound!
Seite 84/85

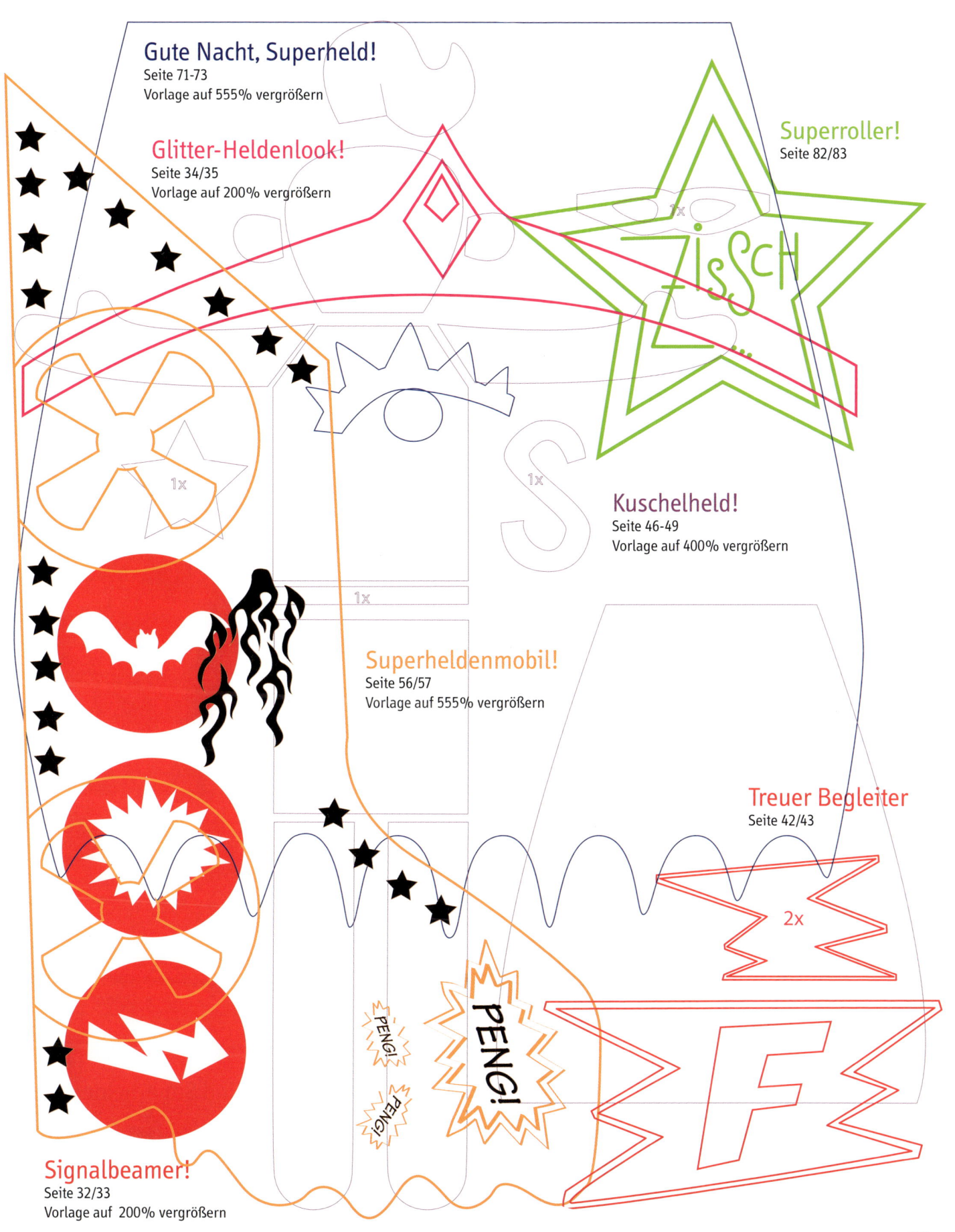

Gute Nacht, Superheld!
Seite 71-73
Vorlage auf 555% vergrößern

Glitter-Heldenlook!
Seite 34/35
Vorlage auf 200% vergrößern

Superroller!
Seite 82/83

ZISSCH

Kuschelheld!
Seite 46-49
Vorlage auf 400% vergrößern

1x

Superheldenmobil!
Seite 56/57
Vorlage auf 555% vergrößern

Treuer Begleiter
Seite 42/43

2x

PENG!
PENG!
PENG!

Signalbeamer!
Seite 32/33
Vorlage auf 200% vergrößern

Superclever!
Seite 50-53
Vorlage auf 400% vergrößern

Heldenträume
Seite 68-70
Vorlage auf 400% vergrößern

Wir sind Superhelden!
Seite 6/7
Vorlage auf 400% vergrößern

Supershirt!
Seite 76/77
Vorlage auf 200% vergrößern

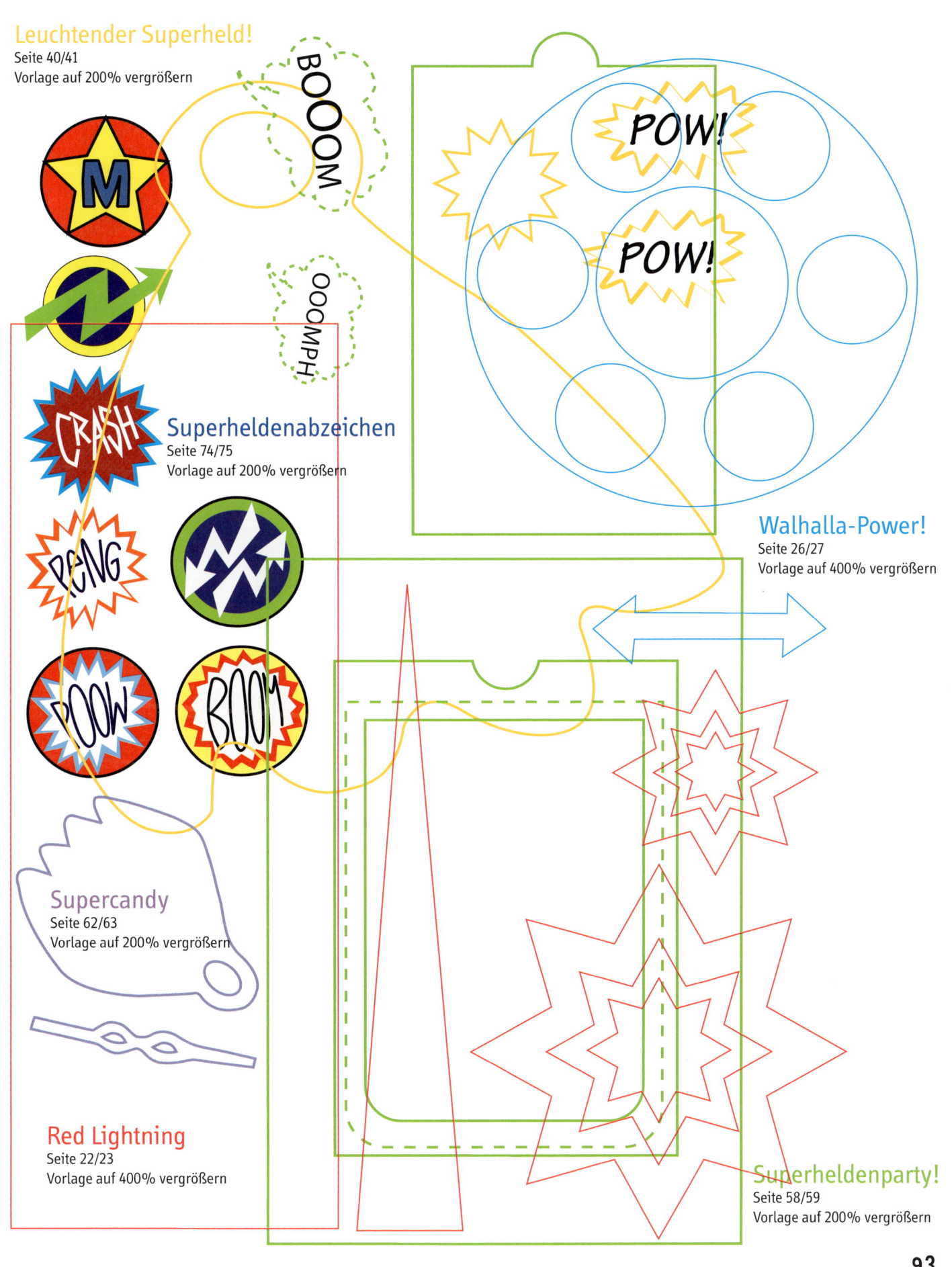

Leuchtender Superheld!
Seite 40/41
Vorlage auf 200% vergrößern

BOOOM

OOOMPH

Superheldenabzeichen
Seite 74/75
Vorlage auf 200% vergrößern

POW!

POW!

Walhalla-Power!
Seite 26/27
Vorlage auf 400% vergrößern

Supercandy
Seite 62/63
Vorlage auf 200% vergrößern

Red Lightning
Seite 22/23
Vorlage auf 400% vergrößern

Superheldenparty!
Seite 58/59
Vorlage auf 200% vergrößern

BUCHTIPPS

VON BIANKA UND FRANZISKA SIND DIESE KINDERBÜCHER BISHER IM FRECHVERLAG ERSCHIENEN:

TOPP 5782
ISBN 978-3-7724-5782-1

TOPP 5774
ISBN 978-3-7724-5774-6

TOPP 5753
ISBN 978-3-7724-5753-1

TOPP 5751
ISBN 978-3-7724-5751-7

TOPP 5797
ISBN 978-3-7724-5797-5

DEINE SUPERHELDENBANDE UND DU SEID AUF DER SUCHE NACH WEITEREN SPANNENDEN BASTELABENTEUERN? HIER WERDET IHR FÜNDIG.

TOPP 5783
ISBN 978-3-7724-5783-8

TOPP 5799
ISBN 978-3-7724-5799-9

TOPP 5731
ISBN 978-3-7724-5731-9

TOPP 5795
ISBN 978-3-7724-5795-1

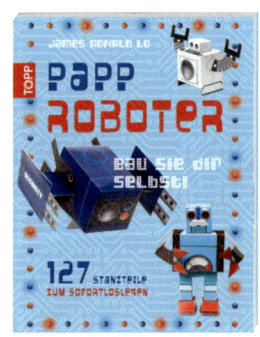

TOPP 5788
ISBN 978-3-7724-5788-3

TOPP 5676
ISBN 978-3-7724-5676-3

TOPP 5677
ISBN 978-3-7724-5677-0

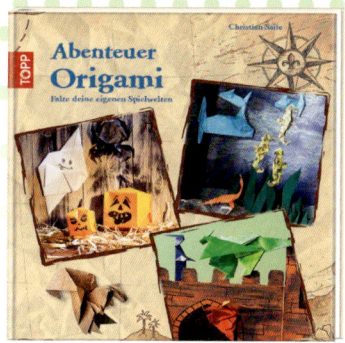

TOPP 5781
ISBN 978-3-7724-5781-4

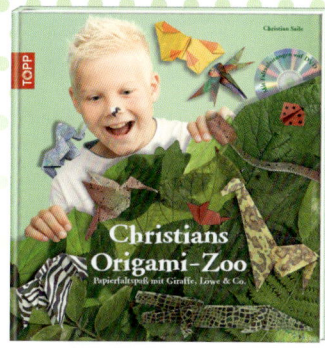

TOPP 5754
ISBN 978-3-7724-5754-8

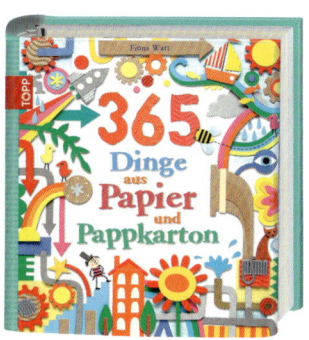

TOPP 5758
ISBN 978-3-7724-5758-6

TOPP 5734
ISBN 978-3-7724-5734-0

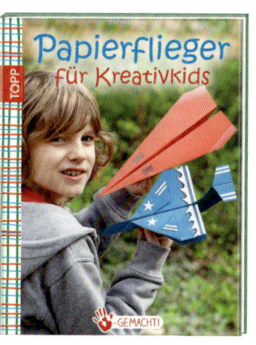

TOPP 5776
ISBN 978-3-7724-5776-0

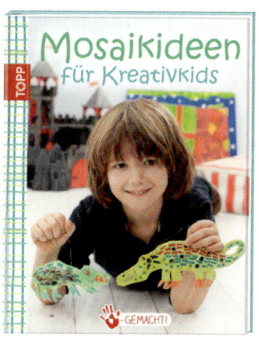

TOPP 5761
ISBN 978-3-7724-5761-6

AUTOREN UND IMPRESSUM

FRANZISKA HEIDENREICH

Die Autorin **Franziska Heidenreich** ist ausgebildete Mediengestalterin und Kommunikationspsychologin (Dipl.) und hat mit ihrem Sohn Julius einen echten kleinen Superhelden bei sich wohnen, der ihr kreatives Schaffen inspiriert. Mit viel Fantasie schlüpfen die beiden täglich in verschiedenste Rollen und erklettern die Spielplätze Berlins – geht ja auch viel leichter mit zwei Köpfen, vier Armen und ebenso vielen Beinen. Auch zu Franziska und ihren vielseitigen Talenten findet man unter www.zwei-eck.com ein bisschen mehr.

BIANKA LANGNICKEL

Die Autorin **Bianka Langnickel** ist ausgebildete Grafik-Designerin, Fotografin und Mediengestalterin (M.A.) und hat stets viel Kreatives zu tun. Mit etwas Glück findet man sie in den Parks von Berlin, wo sie gemeinsam mit ihrem Hund Flash heimlich ihre Superkräfte trainiert. Wer sich nicht ganz sicher ist, ob da gerade ein weißer Hund, eine Frau oder ein Blitz vorbei gezischt ist, der ist wohl ungeahnt dem kreativen Superhelden-Duo begegnet. Wem das zu schnell geht, der findet unter www.zwei-eck.com noch mehr zu Bianka und all ihren, manchmal übernatürlichen, Talenten.

Die Redaktion bedankt sich herzlich bei den Kindermodells Hanna, Julius, Eddi, Robert, Frank, Franziska, Johan, Enya, Max (Michallek), Ben, Felix, Juliane, Anton, Zora, Elham, Behrouz, Oskar, Gustav, Nico, Max (Leuschner), Jan und Tim sowie dem Tiermodel Hund Flashi.

Außerdem möchten wir uns herzlich bei der Kulturinsel Einsiedel, Zentendorf und dem Pferdehof Schubert, Schöpstal bedanken.

DANKE!
Für die freundliche Bereitstellung von Materialien bedanken sich die Autorinnen bei Buttinette (Wertingen), Folia (Max Bringmann KG, Wendelstein), Gütermann (Gutach-Breisgau), Heyda (Heilbronn), Jako-o (Bad Rodach), Marabu (Tamm), Prym (Stolberg), Rayher (Laupheim), UHU (Bühl) und Westfahlenstoffe (Münster).

MODELLE: Bianka Langnickel und Franziska Heidenreich
FOTOS: frechverlag GmbH, 70499 Stuttgart, Bianka Langnickel, Berlin und Franziska Heidenreich, Berlin
PRODUKTMANAGEMENT UND LEKTORAT: Carolin Eichenlaub
COVER- UND LAYOUTENTWICKLUNG: Isabel Große Holtforth
LAYOUTUMSETZUNG: Medienfabrik, Stuttgart
GRAFIKEN: www.istockphoto.com (Big_Ryan, jameslee1)
DRUCK UND BINDUNG: Neografia, Slowakei

1. Auflage 2013

© 2013 frechverlag GmbH, 70499 Stuttgart

KREATIV-HOTLINE
Hilfestellung zu allen Fragen, die Materialien und Bastelbücher betreffen: **Frau Erika Noll** berät Sie. Rufen Sie an oder schreiben Sie eine E-Mail!

Telefon: 0 50 52 / 91 18 58* E-Mail: mail@kreativ-service.info

*normale Telefongebühren

www.topp-kreativ.de

ISBN 978-3-7724-5674-9

Best. Nr. 5674